# 真相比你所写的更糟!

大卫·鲍森

ANCHOR RECORDINGS

版权所有 ©2022 大卫鲍森事工（David Pawson Ministry CIO）

本书作者已按《版权、设计与专利法案 1988》（Copyright, Designs and Patents Act, 1988）取得著作权并据以保护。

本书于 2022 年经由 Anchor 首次出版。Anchor 为大卫鲍森出版有限公司（David Pawson Publishing Ltd）的商业名称。

David Pawson Publishing Ltd
Synegis House, 21 Crockhamwell Road,
Woodley, Reading RG5 3LE

未经出版社事先书面同意，任何人不得以任何形式或方式通过电子或机械方式（包括影印、录制或任何信息储存和检索系统）复制或传播本书的任何部分。

**如欲了解更多有关大卫鲍森的教导资料，包括 DVD 及 CD，可浏览以下网址：**
**www.davidpawson.com**

**欢迎到以下网址下载免费资料：**
**www.davidpawson.org**

**想查询更多有关资讯，请电邮至**
**info@davidpawsonministry.com**

**ISBN 978-1-913472-50-4**

由 Ingram Spark 承印

我乐意将本书献给那些以无私和牺牲奉献的精神，将我的教导材料推广到世界各地的同工，他们为我的全球性事工开启了大门。以下是他们的大名：

吉姆和林德·海瑞斯
（Jim and Linden Harris，英国本土和海外）
彼得和贝芙·贝特森
（Peter and Bev Bettson，已退休，澳洲）
约翰和珍·斯波
（John and Jean Spall，澳洲）
尼尔森·加西亚
（Nelson Garcia，回天家，菲律宾）
鲍伯·哈维（Bob Harvey，美国）
钟素林（Chung Sieu Leng，音译，马来西亚）
约翰·卡斯顿（Johan Carstens，非洲）
鲁迪·哈林格（Rudi Hafliger，瑞士）
约翰·邓宁（John Dunning，新西兰）
谭金（Kim Tan，西班牙和中文地区）
费雷拉（De Wet Ferreira，南非）
史汪尼普（De Wet Swanepoel，南非）
瓦里安·华生（Varian Watson，加拿大）

还有许多人也帮忙推广录音带，不论他们身在何方，我都要为他们向主献上无比的感谢。

# 目录

推荐序一     1

推荐序二     3

前言:"好事总有他的份"     5

1. 家族树     11
2. 由小看大     19
3. 从犁头到讲台     37
4. 摸索的阶段     59
5. 从约克郡到阿拉伯     73
6. 分水岭     91
7. 查尔枫圣彼得     101
8. 讲道的丰富之地     111
9. 灵风吹来     125
10. 让我的百姓留下来     143
11. 吉尔福德与密尔梅德     163
12. 多方服事     181
13. 看不见的听众     197

# 目录

**14. 波音客机之旅** 211

**15. 漂流的外邦人** 229

**16. 非正统的福音派** 243

**17. 负担、著作及圣经** 259

**18. 两人都爱上同一人** 271

**19. "常在身内"** 291

　后记:"真相还更糟" 307

　附录:知名人士清单 311

# 推荐序一

我想，在人生旅程中，大家或多或少都会遇见一些人，各以不同的方式，为我们留下持久而深刻的感动或影响。对我个人而言，大卫·鲍森就是这样一位。

从20世纪70年代到80年代初期，一切仍历历在目。每个礼拜天，我都会去吉尔福德（Guildford）的密尔梅德浸信会（Millmead Baptist Church），坐在后排、聆听鲍森讲道，深深地被吸引。那时，我还是个饥渴的属灵新生儿，对神学、教义所知甚少，难免有困惑、信心动摇的时刻。过去受教不多，早期听过的讲道徒留空白。但是在密尔梅德，我得到充分的喂养。鲍森在他的书中解释，他讲道的目的，就是要"使圣经显得真实且有意义"。这方面，我再也没看到有谁比他更在行的。我情愿花四十五分钟听他一堂讲道，胜过用其他方法来学习并明白真道。他那低调、闲聊式的风格，是别人学不来的却直入我心——每一点都那么真实、切身，符合我个人的需要。有些原本以为很熟悉的比喻，经他一解，屡有新意，点醒梦中人。好些晦涩难懂的经文，也能切中要领，令人感到兴奋。

我便是在密尔梅德一个礼拜天的晚崇拜中，由鲍森替我施浸。

真相比你所写的更糟!

　　我们总是深受所遇见之人物的影响。我何等感恩,在一生不算长的时间中,有幸可以聆听、受教于这位善于沟通的伟大神仆,并从中获得启发。

克里夫·李察爵士<br>
(Sir Cliff Richard OBE,英国著名的流行乐歌手)

# 推荐序二

有两件事,让我一直记得我这位杰出的亲戚:就是麻雀和大胡子!平日我连一只小鸟掉地上都会觉得可怜,总是想:无微不至的神,小麻雀死了、掉在地上,祂都应该顾念啊。有一天,听鲍森的讲道录音带,他讲马太福音第十章,真是引人入胜。

"耶稣讲到麻雀'掉在地上'时,祂使用的措辞,若译为'跳到'地上,会更容易懂。"那个时期,我每天大多数时间,是坐在轮椅上看着院子里成群的麻雀,一只只跳到地上啄食,一天啄上千百次。这画面若扩大应用到整个世界,神的爱对我们是何等奇妙,我顿时豁然开朗!像这样的领悟,还有另一次,也是听鲍森的讲道录音,说到"寻求主的面"。他说,这也可以译为"触摸主的胡须"。藉着鲍森较为夸张的用语,我略能领悟:这位创造宇宙的主,是多么渴望与我们每个人亲近啊。

近半世纪之久,鲍森一直不公开自己的私生活,他情愿别人专注于他传讲的信息,多过于他这名传递信息者。不过,现在他终于要借此书步出隐蔽许久的窝了。我期望,当你像我一样更认识这位"传信者"之后,会觉得他的信息更加有力。

## 真相比你所写的更糟！

　　我等待这本书好多年了！当时就猜一定很精彩。结果，我就像当年的示巴女王一样，真的没有空手而返。我认为，鲍森是当代最伟大的圣经教师。他就像他服事多年的主耶稣，能将一般人难懂的概念，以深入浅出的方式、藉着精简的话语，化为明白易懂的真理。这些年听完他的录音带后，尘封箱底的小先知们，一个个都成为真实的人物。他对历史背景如数家珍，游走于"字里行间"的丰富想象力，真的为我以及许许多多的人，"解开"了圣经。

　　鲍森对一些事，例如，离婚与再婚，以及婚姻中"男性是领导"的观点，采取较争议性的强硬立场；还有，他反对所谓"一次得救，永远得救"的概念。一般人若只是从他的讲道和著作中认识他，多半会有先入为主的想法，认为他和旧约中的先知一样严厉。但因为他是我的亲戚（他的舅舅是我的爷爷），我很清楚完全不是那么一回事。他固然是个一无所惧、勇于发声的先知，对于大多数人宁愿噤声不语、不受青睐的题目，他绝不作缩头乌龟；但其实这个人的内在，拥有我所知最仁慈的心肠。我这半生的遭遇，不乏晦暗无光的时刻，但他每每能从紧密的行程中，千里迢迢地过来探视；不吝以他宝贵的时光，伴我走过那些幽谷。他的关爱、鼓励，以及睿智的劝勉，在我都是无价之宝。

珍妮佛·瑞丝罗肯

（Jennifer Rees-Larcombe）

# 前言：
# "好事总有他的份"

这句话是亲人论到我时，彼此间"流传"的说法。我想，最先是我母亲开始的。她说的时候，是带着打趣的口吻；但两个姐妹接过来说时，则带着一丝悻悻然。

话说，我的生命中，总有层出不穷的巧事发生，大多不是刻意企求的。我总是会碰到"好运送上门"。机会自动来找我，巧合成了家常便饭。

以飞行体验来说吧。这是我生命中相当重要的一部分，尤其在我担任皇家空军军牧的那段期间。

最早的飞行体验是搭乘一架双引擎、四人座的二手飞机，售价3800英镑，预备为"航空宣教团契"（Missionary Aviation Fellowship）举行首度出航。我那时才16岁，读到该宣教机构的广告，它们正展开宣传活动，招募事工支持，包括一趟"限定名额的免费搭乘"。我是第一个到达纽卡斯尔（Newcastle）机场（当时只是块空地和一个棚子）的人，但吓我一跳的是，前来的共有两百人！飞机终于降落，出现四名穿着蓝色制服、曾在第二次世界大战服役过的年轻帅哥。当飞行员宣布，只会从中挑选三名免费搭乘的人时，许多人都失望极了。大家把写了名字的纸条放入一顶帽子里。你猜，第一个被抽中的是谁！这一趟令人兴奋的飞行，使我至今都还跟坐我旁边的那名飞行员保持联系呢。

另一次，我被排在一个十分拥挤的"经济舱"座位，对这段单调乏味的长途飞行，根本不敢有多余的奢望。等待飞机起飞时，一名穿着工作裤和闪亮夹克的地勤人员，沿着机舱走道来到我面前，要我把行李带上和他一起走。我谦恭地听从这名陌生人的要求，随后发现，他正领着我往空荡荡的头等舱去。他没有再多说一句话。会是天使吗？他显然穿了闪亮的衣服！

还有一次，我在澳洲旅行讲道，下一个目的地是印度，要前往参加巴新（Bakt Singh）弟兄在海得拉巴（Hyderabad）举办的聚会。我只能从泰国的曼谷转机，但从悉尼起飞的班机迟了，因此没赶上预定的飞机。我被挡在深夜时分，要到隔天才有飞印度的班机，但那时已经太迟了。我苦苦哀求柜台小姐帮我想个办法，无论如何，当夜就要飞过去才行。结果，她旁边的长官听见了，在她旁边耳语，然后问我，介不介意在没有餐点的条件下上路。我一脸困惑，告诉他：我宁愿什么都没有，只要能送我上路。原来，有一架崭新的波音747，刚从美国西雅图出厂，要运送给德里的印度航空公司，现正在曼谷加油。这个闪亮簇新的庞然怪物准时降落，我被引导登机。巨大的机舱，灯光昏暗，无声无息。从登机到下机，不见一个人影。我睡了一下，醒来时还搞不清楚身在何处。我很想登上阶梯看看飞行员，但是又想，他可能不知道机上有一名偷渡客；我的突然现身，会让他心脏病发——所以我就止步。不管怎样，我终于赶上了。

巧合还是神迹？幸运或蒙引导？我再从好多例子中，举最后一个例子，证明恩主的手在我人生中一路指引。

有一次，我要去新西兰主领五周的聚会，行程几乎遍及南岛与北岛。想到要马不停蹄地奔波，交通工具可能包括汽车、火车或其他各种方式，我就有点担心。我们在奥克兰（Auckland）降落后，有个年轻人，穿着帅气的白制服来迎接我和妻子，告诉我们，这段期间都由他负责向导！他受到圣灵感召，把房子抵押，买了一架双引擎九人座的飞机，以便"运送客座讲员"。他过去曾担任滑雪场的飞行员，专门运送滑雪客飞往南阿尔卑斯山脉的库克（Cook）山域；他靠着飞机滑雪板，就能测知雪场的硬度多少。现在，他就专门负责载送我们，何时想走、要去哪里，都由他包办。我们简直被这个空中出租车宠坏，以至于有一回从纳尔逊（Nelson）起飞后，塔台控制员还以无线电告诉我们说，我把外套和皮箱忘在机场了！我们回到家时，感觉好像度假归来一般！恩主也尊荣伟德（Wade）弟兄的顺服摆上——他后来成了澳洲总理个人的专属飞行官，如今拥有一个自己的飞行团队。

现在，你应该比较能懂，为什么我的家人要这样调侃我了吧："好运总是落在大卫头上。"回顾过去这七十五年，总觉这大半生趣味盎然，任谁要跟我换，我都不会舍得。

希望你也会觉得有趣。但执笔写回忆录，不仅仅是为了这些趣事，尤其是我已经迈入爱卖弄"陈年往事"的年纪。说真的，对于出传记这档事，我抗拒了好些年，因为难免会有"自以为了不起"的试探。但是，敲边鼓的人愈来愈多，有一次在威斯敏斯特教堂（Westminster Chapel）向600位男士分享讲道经验时，压力达到了顶峰。大家对我的见证反应非常热烈，这让我看见，分享自己的人生故事，也能对别人服事主有所帮助。

因此，我衷心期盼，这些篇章不仅是趣谈，也能对诸位有所引导和启发。

过去，接到我每年代祷信的人，或是读过几本拙作的读者，或是听过我讲道录音带的人，可能会发现本书许多段落很眼熟。至少，那些短短的一瞥，如今终于可以拼凑出一幅完整的图画。说来真巧，我的一本书《通往地狱的不归路》(*The Road to Hell*，繁体中文版由以琳书房出版)，在澳洲的一本杂志上打广告时，头条标题就是"快来读大卫·鲍森的自传"！我想，那些人只读到引言吧。不论如何，本书才把故事说得完全。

我要谢谢外甥女珍妮佛，她是我表姐妹琴（Jean Rees）的爱女，也要谢谢克里夫·李察爵士。两位都是我讲道录音带的忠实听众，谢谢两位的序言。也要向依凡（Ivan Wimbles）致谢，他不辞辛劳地把我的手写稿打字，方便出版社作业。最后，要谢谢爱妻，她原本强烈反对我出版这么个人化的东西，但最终还是忠诚地全力支持我。

但愿读者与我共享这一切：我回忆并记录了神的恩惠与慈爱（那位好牧人使用祂众多的牧羊犬），在这一生一世伴随着我。

# 1
# 家族树

这好像照镜子。我读过一篇短文,是关于一个生活在十五世纪、名字也叫鲍森的人;那是致力于研究血统、祖籍的一个友人提供给我的。吓我一跳的是,这先人的脾气、外型等细节竟然和我一模一样,甚至连鼻子也酷似(这是家族"遗传")。我以前常常好奇,基因到底对我们影响多大,这里就是答案了。

这样的认知,让我们可以振振有词地把所犯的过错,全怪到先祖头上。当然,我还可以把我本性中令人讨厌的一些特质,追溯到那个最恶名昭彰的老祖宗头上啰,他的名字叫亚当。只是,我也知道,今日的我,是自己一连串的抉择造成的;神会很公平地按我所继承的遗传和成长环境,来审断我当负的责任。

书写传记,习惯上都要从父母双方的长辈开始,这样也比较有个头绪。按社交礼节,"女士优先",我们这就开始了。

家母源自苏格兰的辛克莱(Sinclair)家族,老家靠近约翰·欧格罗次(John o'Groats)村的东北角。家里的座右铭是:"你所做的,要交托给神。"家族间流传一个传统说法，原本纯粹的血统，后来因为混入了在附近沉船的西班牙舰队上的水手血脉，可用来"说明"我们暴戾的脾气。

我童年的住屋，在蜿蜒而上的楼梯间，悬挂了一张最杰出的先祖约翰·辛克莱（John Sinclair）爵士的全身肖像。他因研究农业而成名，因为他创造了"统计"（statistics）一词。他穿着鲜红外套，上面装饰着很搭调的格子布，真的很神气；腋下突起鼓鼓的不明之物，引发许多揣测。我常常经过那里，使得我满怀历史感。

我的外祖父也叫约翰·辛克莱，他和兄弟罗勃（Robert）往南发展，穿山越岭，来到泰恩河（Tyne）畔的纽卡斯尔（Newcastle）定居，靠烟草业发迹；一人作香烟（Craven 'A' 品牌），另一人作烟斗。约翰退休时，以花岗岩和木材在艾伦代尔（Allendale）村盖了一间外观宏伟的狩猎屋，该村以诺森伯兰郡（Northumberland）的旷野景致闻名，旁边偶尔还会看见废弃了的矿坑和炼制业的"烟囱"。我的母亲就在此出生，她和哥哥姐姐相差了十五岁，因此，差不多像个独生女一般地长大。她一个哥哥叫哈罗德（Harold），二次世界大战时为国捐躯。他的小妹一直相信，神的名字跟哈罗德哥哥是一样的，因为在念主祷文时，读成"我们在天上的父，你的名是哈罗德……"（译注："愿人都尊你的名为圣"的英文"Hallowed be thy name"与"Harold be thy name"发音相近）

因为附近没有苏格兰语教会，家人便退而求其次，参加卫理公会。有一个时期，传道人是撒母耳·鲍森（Samuel Pawson，我的叔祖父）。某个主日，他年轻的侄子塞西尔（Cecil）上台讲道。他开头讲的一段话，有人仍记忆深刻："生命是一条漫长又不间断的路，充满曲折和转弯。"

那时，会友当中有个年轻的小姐名叫琴·辛克莱（Jean Sinclair），深受吸引。这是一见钟情。婚后的日子，她总是会在每年的结婚纪念日，写一封情书称丈夫为"我的男子汉讲员"（my preacher man）。事实证明她真是个贤内助，家父在他的自传《手扶着犁》（*Hand to the Plough*，暂译）中写道，"她带给我无与伦比的幸福，若没有她，无法想象我的生命体验会是多么贫乏。"

可是娘家这边却不赞同，认为她是"下嫁"，这是按当时的说法（如同阿斯特夫人〔Lady Astor〕的名言，"女人结婚，都是下嫁"）。琴被家人带往法国蔚蓝海岸（French Riviera）的芒通（Menton），想要她忘掉这份痴情。但是她在日记中写道，只要一回到家，非君不嫁；她只爱塞西尔·鲍森。结果真的嫁了，不过，只有她母亲参加婚礼。

回头叙述父亲这边的故事前，我非提一下舅舅不可。我的悔改归主，他有间接的影响。他偶尔来探望我们时，我总是很景仰他。我的外祖父在我出生前已过世，舅舅继承了香烟公司的生意，后来发展成为伦敦最大的"帝国香烟公司"（Imperial Tobacco Company）。他上班时，就从汉普斯特德（Hampstead）的家，驾着双头马车出门。

但是，他也有属灵方面的追求。从年轻开始，他就跑遍每个宗派，想找到理想中最接近新约圣经"理念"的。结果，他在许多不相同的"弟兄会"中找到一个，便安定了下来（名为"葛兰顿弟兄会"〔Glantons〕，这是沿用当年在诺森柏兰村创立时所取的名字）。他甚至写了一本有关但以理和启示录预言的书，因为他是时代主义论（Dispensationalism）的拥护者，追随达秘（Nelson Darby）所开创的解经法。他当然会提防我父亲卫理公会的背景和观念，即使那时期的卫理公会，还没有像后来那么倾向"自由派"。

舅舅共有七个孩子，三男四女。有个女儿露薏丝（Lois），后来嫁给安德烈·格雷（Andrew Gray），就是格拉斯哥（Glasgow）著名的基督教出版社皮克林和英格理斯（Pickering and Inglis）的社长。另一个女儿琴，嫁给英国战后著名的布道家芮汤姆（Tom Rees，后文会再详述），他的儿子齐斯（Keith）到今天仍然常听我的讲道录音带。

讲了这么多我苏格兰祖先的故事，现在讲英格兰这边的。

我一直认为，"鲍森"（Pawson）这个姓，是"保罗之子"（Paul's son）的缩写，就像 Poulson, Polson 一样。有一次去波兰，被当地人戏称为"孔雀先生"。我问他们原因，人家才告诉我,"鲍"这个字(paw,他们发音为"陪"而不是"鲍"),就是指孔雀这种美丽的鸟儿。回国后,我发现在盎格鲁-撒克逊语(Anglo-Saxon)中,paw的确有这个意思。我就一直说,我情愿作孔雀的后裔,胜过作猴子的后代子孙。不过,这也是虚荣心作祟!

这个姓氏相当少人有,虽然,还是出了一个有名的足球健将,一家在伯恩茅斯(Bournemouth)的巧克力店,和一座在约克郡(Yorkshire)的著名采石场。这个郡是鲍森家的发源地,位于韦克菲尔德(Wakefield)的中央地带。族人的座右铭是"神所恩待的"(Favente Deo)。

大多数的鲍森家族,不是务农,就是当传道人。家父喜爱告诉人,他是约翰·鲍森的直系后裔。这个约翰,是约翰·卫斯理最早期、最为人所知的同工,那是在十八世纪英格兰大复兴时期。据称,这次的大复兴使英格兰免于步上法国大革命的后尘。我的书架上,至今还有他出版的书信。不用说,卫理宗对家父这边的族人,影响至深。

先祖父大卫·里杰·鲍森(David Ledger Pawson),是卫理公会的传道人,既牧会,也四处传教。他的传记名为《为神收割》(*Harvesting for God*,暂译),只是,其中的对话都是以泰恩赛德(Tyneside)的方言"乔迪"语(Geordie)书写,因为,他最为人知的事工,就是位于泰恩河畔的纽卡斯尔工业区,上至阿姆斯壮(Vickers Armstrong)工程公司(译注:著名的航舰制造厂),

下至以民谣闻名的"斯考兹渥路"（Scotswood Road）。他建立的"人民会堂"（People's Hall）事工虽然早已停止，但那幢坚固的石造牧师馆，亦即家父童年的所在，至今仍屹立于黑麦山（Rye Hill）。他因喉头受结核菌感染，不得不中断活跃的传道生涯，但后来在瑞士达沃士（Davos）的清净空气中静养后康复。他去世时我才四岁，因此对他没什么记忆，但他也蓄了山羊胡（我一直到自己也留了山羊胡多年后才想起）。每逢有人请他签名留念，他总是加上"活出敬虔生活并以此为信息的讲员，他的讲道不会太长"，或是"前景（outlook）不甚乐观时，试着抬头仰望（uplook）吧"。

家父毕业时，校长告诉他："这么说吧，鲍森，你不算顶聪明，但你很用功。勤能补拙，只要坚持下去，就能达成目标。"大出岳家所料，他真的办到了。家母因着直觉，选到了一个赢家。父亲成了家喻户晓的人物，有好几个因素。

他选择农业为一生的志向，但是手无寸土，因此他走上学术研究的路。先从纽卡斯尔的国王学院（King's College）当学生开始，那时，它还附属于德罕大学（Durham University）。他一步步沿着学术的阶梯往上爬升，由讲师、高级讲师，到博士、教授，获得"农业学"的教席。他一直使用同一间研究室，退休时，还获得终身使用权的荣誉。他领导系内团队在靠近莫珀斯（Morpeth）的海扇公园（Cockle Park）的一个实验农场,因使用熔渣(炼钢的副产品)来改善草地而出名。他写了好几本书,像是罗伯特·贝克韦尔(Robert Bakewell),一位动物养殖先驱的故事,因而成为爱丁堡皇家协会(the Royal Society in Edinburgh)的会员。第二次世界大战时,他奉命负责诺森伯兰郡的农场,因对该郡的粮食生产有贡献,而获颁大英帝国勋章。可惜当时因国王乔治六世身体微恙,赠勋仪式改为以挂号邮寄送达,令人大失所望。

但他最主要的名气是在别处——作为一个带职传道人,他在英格兰东北部及更远的地方为人所知。他讲道总是要人"决志",并且,他会将那些决定信主或重新献上自己的人名,都记在本子上。现在这个本子在我手里,共有一万二千个人名和地址。父亲后来成为卫理公会总会的副主席,这是带职事奉者在这宗派内可以得到的最高位置,那时他已是扬名海内外的讲员。他有一本论及"如何作个人布道"的书,使他得以被苏格兰著名的圣徒巴克莱(William Barclay)收录进《英雄榜》(*Heroes*,暂译)中。

因此,我父母的婚姻,无论从背景或潜力来看,都可以说是非凡的组合——也是公众瞩目的一对。我是他们的第二个孩子。

# 2
# 由小看大

我来到这世界，还曾借助于一架园艺式铁制的重型滚筒。因为过了预产期，母亲已等得不耐烦，便在我家后院的草坪上来回用力地推拉滚筒。这个杀手锏最后成功了，隔天凌晨，1930年2月25日的5点30分，我清亮的哭声，唤醒了整间屋子的人。母亲在日记上写道，"星期二的孩子，充满恩典。"或许她本能地猜到，我何等需要恩典吧（从那时起我就明白，"恩典"是来自神、人不配得的恩宠，不是不可抗拒的力量）。我从小被分派的任务就是割草，以及把草地压平，因此，我很熟悉引领我来到人生舞台的那台怪物！

出生后不久，便由两位祖父其中的一位替我施婴儿洗，并按他们的名字命名；其中一个是约翰（新约圣经中"蒙爱的使徒"），另一个是大卫（旧约圣经中的君王，名字意为"蒙爱的"）。因此，我可说是双倍蒙爱的孩子。除了双亲的爱，及长我也发现，还有耶稣及天父的爱。不知为了什么原因，我还受了割礼，长辈从未加以解释，虽然多年之后，这一点使我对于神的选民以色列更有认同感。家人一直习惯唤我第二个名字，但这在现代社会却引来了一些麻烦。航空公司坚持要我用"约翰"（John）登记，银行也拒绝兑现单上"大卫·鲍森"、抬头没有附加'J'的支票。但我比较喜欢"大卫"，而且，一旦改为"约翰"，许多人一定会觉得奇怪，大卫跑去哪儿了，也会揣测我要改名的动机。

这是我童年的情景，上有一个姐姐，下有一个妹妹。我一直不太注意这样的排行，也没有什么长子的特权、或幺儿特别受宠的情况。后来自己有三个孩子时，也是这种排行模式。

我母亲这边的家人，传统养儿育女的方式就是出生后的几年，交给托儿所的保姆照顾，然后上私立幼儿园，接着打包行李去上寄宿小学，直到十几岁。我姐姐海伦（Helen）和我都采用这种模式，但妹妹路得（Ruth）就不是，因为父母舍不得。她整个童年都留在家中，即便是战时，我和海伦都成了"疏散者"，妹妹还是一样。我那时很嫉妒她，每次回到家，免不了要对她泄愤。倘若我知道，她只能活到36岁，我一定不要那么憎恨她。她和妈妈同时患了淋巴癌，虽然这病是不会传染的，但有位医师朋友私下告诉我，两人岁数差那么多，预估疗效会相差很多。他估计妹妹只能活十八个月，而妈妈能活七年，果真如此。

童年记忆最清晰的成人，就是"保姆"。她来自诺森伯兰农场靠近卡费顿（Capheaton）的一个大家庭，这里也是后来战时我被疏散去的地方。我对她的仁慈、温和、呵护人的性情，记忆犹新，她的脸庞、声音至今仍历历如绘。在30年代动荡不安的时期，她有如泰山一般安稳。

因此，奇怪的是，我那时期还会屡屡受梦魇困扰，常在夜半尖叫、惊醒全家人，只是，梦些什么全都不记得了。数十年后，和一位荷兰籍的朋友闲聊，他是位有经验的咨商师，能透过圣灵的恩赐诊断出一些问题。出乎意料地，他说侦测出我坚强外表下隐藏了一连串的惧怕（那时我已意识到这情况）；又说，那是"某位对自己承担的责任难以负荷的保姆"在我心中种下的祸因。我抗议说，他完全搞错了，我的保姆非常棒、非常称职。于是，我们一起翻阅童年时的一些相簿。一面回溯、我一面告诉他，每张相片都是一个开开心心的小男生；然后，看到小婴孩时期的照片，同样也是神情自若的照护人员；这令我的朋友很困惑。不料，接着突然来了个大转弯。有张相片，我被一个年轻的女孩抱着，她惊恐的双眼瞪着相机，表情好像在说：她快要抱不动、小婴孩就要掉下来了。我一点都不记得她，也从来没有人跟我提到她，因此，我完全不知道她是谁。从相片看来，那完全是一项错误的委任，给人一种"她一定得走"的感觉。因此，小婴孩的一生也受到影响。我一直都是很浅眠的人，尤其是在讲道前后，特别是主日讲道。只是现在的梦魇包括：走错教会（相差数英里外的地点），记错日期（总是错过了该讲的日期），讲错题目（或是找不到该用的讲章），记错时间（总是迟到），还有，穿错衣服（诸如此类）。梦醒时，总是大汗淋漓，然后赶紧作一个感恩祷告：幸好一切只是梦。我也常常想到，有一位教区牧师，梦见自己在圣保罗大教堂讲道，结果醒来时，发现自己真的在现场！

读者恐怕对我这种跳前跳后的写法感到不耐烦，希望我按时间顺序来，不过，本章的标题透露了我的想法。不论是谁说的，"由小看大"（The boy is father to the man），此语意味深长。因此，我们还是回到童年吧。

前文已提过，父母亲的出身背景相差甚远。我很早就了解这一点，因为接触了两边的祖父母，还有双方的亲戚。此外，周遭邻居不寻常的环境，更促使我原本就对自己身份所产生的小疑问，更加凸显了。

有个地产开发商，买了一块长方型、有斜坡的地，介于纽卡斯尔西侧两条老早就开发好的（格兰杰公园〔Grainger Park〕及本廷克〔Bentinck〕）街道中间，他希望盖几幢有高度隐密性又有大花园的房子，因此，他想自己再开发一条邓霍（Dunholme）道路，作为私人出入使用。他先设立了一个网球俱乐部。当父母买了隔邻的两块地，盖起独特的乔治亚风房子时，旁边只有一幢房子。爸妈盖的房子，一幢自住，另一幢给已退休的祖父母，和他们一个患了癫痫的儿子住，方便我父亲过去照顾。那个地产商在盖好另一幢房子时破产了，因此，便改弦易辙作起买卖来。他把剩下的路面盖满了七十间半

## 由小看大

独立的小屋，不过还是相当有水平，很快便有不同客层的人抢购一空（即使停车间很小，只能供小车进出）。我记得我们家的车是20马力的佛贺（Vauxhall）加长型礼车。我们是附近惟一雇有管家的家庭。我渐渐明白，若要和周遭邻居建立关系，会有多大的鸿沟需要跨越，即使有心，能建立的也很有限。

虽然周遭的人，说的都是泰恩赛德当地"乔迪"口音的英语，有些人口音十分重，但我没受到影响；不过，我蛮喜欢它抑扬顿挫的语调。我现在还可以模仿有这种口音的传道人讲道的音调。我有某些字如纽卡斯尔的"卡"，发较短音，就是受此影响。长大后，我的口音可以说混合了好几种方言腔调。

住家对面，绝大多数是老夫妇，以毕生积蓄买下自己的窝。因此，紧邻的住屋很少有小孩子，有的话也都是女孩。所以，我的童年玩伴，就是我的姐妹海伦、路得，以及邻居的朵琳（Doreen）、蓓德（Pat）和玛格丽特（Margaret）。这种五比一的局面，使得我们只能玩医生、护士的游戏，而不是牛仔斗印地安人。事实上，父亲不准我玩手枪和官兵打仗的游戏。所以，我好斗的本能，只好升华为调侃别人，而不是打斗比武。这种习性至今仍如影随形（这样的记忆，足供业余心理分析师痛快地大做文章吧！）。

我一直无法确定，童年时期这样的社交经历，对我而言到底是利是弊。消极来看，难免会给我"一种无所适从"的不确定感；我的行为举止该怎样做才合宜？这使得我日后在任何阶层的社交场合中，容易紧张。积极面呢，我想它还是给了我一点"无阶级差别"的个性，容易适应，能融入绝大多数的社会阶层，这对我往后的生涯是很重要的资产。那些认识我的人都清楚知道，我最优先考量的是什么。

家，总是比邻居带给人更大的影响，所以，我还是要回头说一些在"欧弗戴尔"（Overdale）的事，那是我父母婚后一直定居的地方。他们总是忙得很，两人都参与非常多的外务。

母亲很有创意，处理事情井井有条，酷爱精密的小玩意（这点我像她）。她热衷摄影，也是业余的摄影师，参加过摄影比赛。她最珍贵的器材就是一台最新式的来卡（Leica）相机，后来再加上一架手控的录像机。我们很无奈地都得当她的模特儿，尤其是那要命的"圣诞照片"，每一年寄到四处各地，每回至少都会有一张闷闷不乐的脸。她也写剧本，然后自导自演。她还写诗、写儿童故事，然后放上一些不知是何方神圣的照片作插图。她还四处接讲道，多半是在妇女会或宣教大会上。她又带领一个"姐妹团契"，替宣教士募款，大多数是手工彩绘的饰品义卖。她也很喜欢烹饪，最喜欢煮一道叫"阿卡"（Aga）的菜肴，这是全家人冬天的最爱（凡是熟知这一味的人，一定能明白）。

父亲周间的日子，行程也是满档。除了在大学里授课，其他时间多半用来传福音或牧养。每周二晚上，他必定参加为男士们开设的"查经班"，最初是在家中，后来在教会。他带领这聚会共四十年之久，持续地结果子，替卫理公会储备了不少人才。每周六晚上，必定用来作现在所谓的咨商辅导，吸引各式各样的人：天主教徒、犹太人、地痞流氓或警察、雇主或失业人士。其中，许多失业人士在困境时，会到我们家后门乞求给予一些食物或金钱。母亲通常会安排他们给院子的大片草坪割草，算是给他们一点"挣钱"的自尊。

我还需要提一下幼时家庭生活的一个特色，但未必对我后来的生命有影响。我们家的客房一直都有人使用——接待著名的讲员！在纽卡斯尔市中心的"基督教青年会"（YMCA），每周二都举办一个"午餐会"，邀请各宗派著名的传道人来。他们很自然就会留在我们家，我们家也就成了"讲员客栈"（The Preachers' Inn）。我因此也认识了30、40、50年代许多杰出的著名讲员。排名前三的就是来自伦敦卫理公会的三位博士：魏德海（Leslie Weatherhead）（据说"爱人如己"），桑士德（Will Sangster）（据说"很爱主"），以及后来封了爵位的索普（Donald Soper）（据说"好辩"）。他们对我后来的事奉都有一定的影响，但就像其他的一些讲员一样，小时候我对他们的印象几乎一片空白。另一些人像来自苏格兰的詹姆士·史都华（James Stewart）、布莱克（James Black），以及雷亚兰（Alan Redpath）、钟马田（Martyn

Lloyd-Jones)、唐恩理爵士(Townley Lord)、邓宁(Norman Dunning，他的大侄儿在新西兰负责发行我的讲道录音带)、休斯(S. W. Hughes，每天早餐必喝红萝葡汁并游泳，我也加入这行列)，还有许许多多。有些来自海外的，像日本的贺川丰彦(Toyohiko Kagawa)，来自德国的马丁·尼莫拉(Martin Niemuller)等。但家人从未带我去听他们讲道，因此，我只在家中见过他们，印象就不深！妈妈为他们录制了一系列的录像带，名为《讲台下的传道人》(Preachers out of the Pulpit)。我有一个皮箱，里面满满是9.5厘米的黑白影带盘及16厘米的彩色影带盘。有点讽刺的是，我那时已接触过那么多知名讲员，自己却一点兴趣都没有，也不知渴慕主。只有神知道，这些人对我是否有任何潜意识的影响，但意识上的影响肯定没有。事实上，他们对我们的家庭生活，还造成一些干扰呢。

不过，一个礼拜当中，总会有一天保留一点时间给家人。那就是礼拜天，亦即父亲在忙碌的讲道之余的时间（虽然大多数的讲道地点都不远，足够他在上午及晚崇拜之间回家一趟）。这日子本应该很令人期待，只是，父亲对于安息日的信念，为它投下了一些阴影。但若要说我对礼拜天感到恐惧，这也有点夸张。厌倦可能是更恰当的词，可以用来形容这个混合了我们必须做什么、和我们不能做什么的一天。

玩具都得收起来，游戏也不准玩。不过，妈妈发明了一种类似圣经宾果的"圣经大乐透"（Scripture Lotto）来替代。脚踏车也禁止，相机也一样；妈妈很老实地接受了这项规定，因此，我没有半张"主日盛装"的照片。学校制服和平日的休闲服，都要换成很正式的、适合神圣约会的穿着。我们那时都要"为主"穿扮，不过，我现在也还不能确定，时下在主日穿便服，是不是一种在属灵上进步的表现。

主日上午，我们都要走路去教堂，车子留在车库；不过，等父母到了晚年，这项规矩就没那么严格了。我被规定，整个聚会从头到尾都要坐在那里，即使其他小朋友很早就可以溜出去自己活动。爸爸若也在场，听讲道时，他总是用左边膀子环绕着我；我很怀疑，这是不是怕我坐不住，多过于爱的表现。

主日的午餐，总是一周中最丰盛的一餐，一定有烤牛肉和约克夏布丁，然后是苹果蛋挞加卡仕达酱及芝士（另一款约克夏"布丁"）。可是，即便有这样大快人心的美食佳肴，还是免不了一项灵性操练，那便是"家庭祷告"。我们每个人都要靠在椅子旁，跪地祷告。父亲流利的祈祷、代求，内容真是长阔高深啊。我至今还能忆起，当时的我膝盖和手肘是怎样发出抗议的。

接着，双亲有特权可以睡一场午觉，我们就得走路去上儿童主日学。我多么渴望长大成人啊！青少年时的某个主日，我终于向妈妈开口说不想再去上主日学了。出乎意料地，她同意了，然后建议说，那就改去晚崇拜吧。我真的去了，很喜欢那些有三边回廊的位置，坐满了年轻人，有一半是女生！我往后持续参加，不过，动机是社交而不是属灵的追求。

主日晚上也要安静度过，因此，到了上床时分，差不多可以说是一种解脱了。爸妈多半会聆听英国广播公司(British Broadcasting Corporation)的节目，尤其是来自伯恩茅斯（还是义本〔Eastbourne〕？）的"棕榈园交响乐团"(Palm Court Orchestra)的演奏。显然，电台播放的音乐，即使不是"圣乐"、应该也是要够"属灵的"，否则，我们在周一听的岂不是"属世的"音乐吗？有一个系列的广播剧令我印象深刻，不是特工迪克·巴顿(Dick Barton: Special Agent)，也不是瓦伦泰·德耶尔(Valentyne Dyall)的"黑衣人"(Man in Black)，而是讲基督生平的现代广播剧"那生来作王的"(The Man Born to be King)，编剧是以写侦探小说出名的多萝西·塞耶斯(Dorothy L. Sayers)。不免会有听众抗议说，使徒中竟然有伦敦佬(Cockney)的口音，这近乎是亵渎神吧。但对我这名小听众而言，耶稣是穿越了彩绘玻璃、进到客厅来了。

放假日也要守这些规矩。周六，我们会开车去度假（我几乎每次都晕车，所幸长大就好了）。隔天，当大家都去划船、或换上休闲服去海边玩水，我们则是反其道而行，要穿上主日的正式服装，到附近的小教堂作礼拜和上主日学。下周六还要打道回府，所以，一周的假期就只剩五天可玩了。

## 由小看大

不过，假期还是很特别，因为父母亲会专注在我们身上，而他们会选最好玩的地点。除了去艾伦代尔看祖父母，那里有河谷可以划船探险之外，还有两个我们最喜欢去的地方。

一个是诺森伯兰海岸边的海边小屋。我们总会租一幢海边的平房，南面可看到渔港，朝北是美丽的海滩，还有岩壁下的水洼，以及（对我们小孩而言）如高塔的沙丘往四处延伸，一直到美丽的班伯城堡（Banburgh），以及东边的法恩（Farne）群岛。我们会搭着蓝白色的小渔船出海，去看海鸥、海鸟，还有"福法尔郡号"（Forfarshire）触礁沉船的地方，那也是葛利丝·达令（Grace Darling）和她的灯塔守护员父亲英勇救人的地点。许多艘船都以宗教名称命名，像"约翰·卫斯理号"（John Wesley）和"好消息号"（Glad Tidings）。还有一个渔夫诗班，在卫理宗的教会中，为主日崇拜平添不少生气。有一次，我给自己和家人丢尽了脸，因为我对着妈妈大声地耳语说："前排那里有个人，他有全世界最大的鼻子。"机灵一直都不是我的强项。

度假的最高峰，通常是去圣岛（Holy Island）走一趟。趁退潮时分，我们开一辆生锈的福特古董轿车（Ford Model 'A' saloon）去，溅起不少水花，隐没在潮水中的公路，由一整排竖立在水中的高耸木桩引导，有些木桩上有矮梯并附有小小的平台，给那些运气欠佳、被海浪困住的游客暂避。我在这里认识了凯尔特（Celtic）的基督教，它是由圣高隆（St. Columba）从爱尔兰传到苏格兰境外的爱奥那（Iona）岛，经圣艾丹（St Aidan）再由此传到诺森伯兰，然后，圣卡斯伯特（St. Cuthbert）（他带领归主的敬虔信徒都叫他"库迪"〔Cuddy〕）将它再传到德罕（Durham）。我起初对惠特比（Whitby）的女修道院院长很着迷，但后来就很反感，她做出的裁决：英国应采纳天主教（亦即罗马天主教）的信仰，而不是凯尔特教派的信仰，这就造成后来悲剧性的后果。我二十多岁时，居住、工作地点都在爱奥那社群中，那时的领袖是很能启发人心的麦克李欧（George MacLeod）博士（后来封爵）。我永远记得他的一次讲道，题目是"行走的神"（The God who walks）。

我们喜爱的另一个度假胜地是靠近达尔比蒂（Dalbeattie）的基普福德（Kippford），这是苏格兰西南方的柯库布里郡（Kirkudbrightshire）的乡间（这个郡名的意思是："卡斯伯特郡（Cuthbert shire）的教会"，因此，我们还是在凯尔特圣徒的影响范围内）。那里有个小小的民宿"松芦"（The Pines），可以俯瞰索尔威峡弯（Solway Firth）潮水起落的河口，上面有千帆点点；远处还有一个九洞的高尔夫球场，我在那儿第一次尝试驾驭这项运动，也就是马克·吐温所说的"被蹧蹋的健行"。有一条很美的步道，可以穿越山岭、经过丛林，来到罗克利夫湾（Rockliffe Bay）；退潮时，也可以循着另一条小路抵达洛夫岛（Rough Island）。再走远一些，就是临近科闻

## 由小看大

（Colvend）一望无际的沙滩，我舅舅在这里有间度假屋，还有个养了马匹的马厩。海浪退去时，沿着宽阔的海滩骑乘一回，真是人生一大乐事。

我知道"景物依旧，人事已非"的惆怅，但我还是很喜欢旧地重游，童年忆往，总会勾起许多甜美的回忆。这也使我不得不说说我年少时的求学生涯。一般人的求学记忆多半充满趣味，但我的确是例外，部分因素是被一个粗鲁的德国暴君希特勒打断所致；他引发了第二次世界大战，完全置我的幸福于不顾。战争于1939年9月3日上午11点爆发时，我正在艾伦代尔的卫理公会教堂，这是我父母一见钟情的地方，而那天正好是他们的结婚纪念日。从此之后，我们每年总爱调侃他们说，这是"战争爆发纪念日"。

结果，我的基础教育一共换了五所学校、六个地点才完成。我四岁时，就入学就读隔一条马路的私立学校。校长是史卡尔顿女士，她真的骨瘦如柴（Miss Skelton，译注：字意为骸骨）。她作风严厉，教学优良。我才五岁，就学起法文；后来七岁时转到另一所学校，新校长对我的算术能力大表惊奇。拼字测验时，110个字中，我得了98分；本来可以得99分的，因为把brooch（胸针）拼成broach（肉叉子），我脑子里想的是实物，而不是装饰品了。

到了在纽卡斯尔城另一端读预校的时期，我要先到市中心转电车，车站旁有一家糖果店，卖的牛奶糖超级好吃（当时叫作意大利奶油糖），我从此嗜糖成瘾（不过很讨厌今天常卖的那种米黄色的橡皮糖）。学校制服上有一圈很折腾人、伊顿式的硬领子，还有装饰纽扣以及黑帽子，上面缀了三圈同心圆和金色结，被附近别校的学生取了"圆蠕虫"（Ringworms）的绰号。

校长遵循教育局的法令，坚信体罚教育，只是，他眼中只有一种方式！我们从他办公室的门外会听见霍霍的鞭声，伴随着惨叫哀嚎，大伙儿赶紧开溜，心中无不想着："若不是上帝怜悯，今天挨打的就是我了！"但是在体育课时，我们就无人能逃过那位退伍士官长"说客"（the Persuader）手中挥舞的皮鞭了；那是从旧轮胎改成的，落在手掌时，会烙下一道刺痛的印痕。他这么一挥，我们很快就"被说服"，一个个开始爬绳索、走单杠。他教我们游泳，每个人都脱光上衣，第一招就是漫无章法的狗爬式。不过，他还是有一支大网子，会把快溺水的人捞起来。

战争爆发时，学校必须撤退到诺森伯兰北部的乡间。既然干扰容易产生混乱，纪律问题便日趋严重，而鞭打就成了家常便饭。如今回想起来我很好奇，是不是因为教职员实在难以应付这样的问题：一所日校，刹那间要变成寄宿学校？我们大多数学生都很惨。我在每一封家书中都哀求爸妈想办法，希望快点回到他们身边。

他们回信说，会再找一间"合适的"寄宿学校，这期间先把我送去保姆家的农庄几个月。1939年冬天，我骑了3英里的脚踏车,来到卡费顿村的一所学校。这里,又爆发了另一场更严重的战争,那就是乡下小孩和撤退来的学生之间的冲突。有一次,我得从壕沟里把被弄得乱七八糟的脚踏车救出来。但我还是很喜爱乡间的生活;厕所盖在果园里,洗澡间则是在厨房的炉灶前摆上一个锡盆,晚间点上蜡烛,非常浪漫!

只是过不久,我和姐姐就转学到卫理公会的寄宿学校了,我们俩的学校这时都迁到比较不受炸弹威胁的地区。海伦就读的亨曼比学院(Hunmanby Hall),当时从法利(Filey)迁到靠近凯西克(Keswick)的巴森斯韦特学院(Bassenthwaite Hall)。我就读的阿什维尔学院(Ashville College),当时则从哈罗盖特(Harrogate)迁往温德米尔(Windermere)附近的包尼斯·海卓(Bowness Hydro)。虽然我们的学校同样都位于景色美丽的湖区(Lake District),但我们只有当父母亲和家人在暑假前来安布赛德(Ambleside)租屋度假时,才能见到面。

校舍原是一间温泉旅社。在此的生活十分单调乏味,只记得几件事,勉强能打破沉闷。

我们每人都有个编号(我的是一百二十号),比起学生身份,这更像监狱的犯人吧,或许这也是为何总有些男生想要逃学。他们精心策划,最初被发现是在点名时有些号码无人应答,别人帮忙掩护时脸上露出诡异的笑容。但是,很少人能"跑回本垒",绝大多数都在肯德尔(Kendall)附近的奥森荷姆(Oxenholme)车站的月台就被抓到，很丢脸地被带回学校，只是我们却像对待英雄般地迎接他们。我从来不曾试过。

我违反校规最严重的一次，是在生日时收到朋友送的生日礼物：一小罐亮光漆。我们宿舍的寝室有一面墙，贴了一大片繁花缤纷的壁纸，我现在知道那是威廉·莫里士（William Morris）的设计。我小心翼翼地选了一大片，漆上绿叶。晚上，会发出微弱的绿光，带有一点热带丛林的奇幻效果。我对这项作品甚为得意，直到有一天的深夜，舍监突然出现，要我们安静下来别再吵了。他目瞪口呆地看着墙上的涂鸦。紧接下来的处置，让我真巴不得有块帘子可以遮羞。最后的结果是：学期结束带回的成绩单里，夹了一张重新装潢的高额账单。好多年后，我受邀前往一个每周末举办的"老同学"聚会讲道。走进我从未见过的哈罗盖特的校园，迎面而来招呼的是校长（我就学时他是副校长），开口就是，"啊，鲍森，壁纸！"老师的记性怎么这么好，专门记我们的坏事啊？至少，他不是叫我"120"。

有一段时期，一帮高年级的霸凌情况很严重。有一晚，天气又糟又冷，我被他们命令留在砖瓦的屋顶上。那时学到最好的防卫方法，就是保持低调。后来东窗事发，有几位遭到开除。

有件最刺激的事，便是协助搜寻一名德国飞行员，他从基督教斯旺威克（Swanwick）会议中心脱逃了。那时期，此地被征用作为军官的战俘营。据报，他躲

## 由小看大

在温德米尔湖（Lake Windermere）对面的葛利兹戴尔（Grizedale）丛林。这是我们直接参战的机会，可是倘若那时有人说了真话，我们在搜寻时一定会吓呆了。后来，维拉（Werra）先生是惟一以"经由加拿大和美国"的方式，被遣送回德国的战俘，英国人大概也从他身上套出不少宝贵情报吧。

除了每星期开心地检视我们的食物盒、或光顾糖果店之外，我对于求学的意义几乎没什么领悟。

战争后期，我回到家里。中学的最后几年，我于纽卡斯尔的亚蓝夫人私立中学（Dame Allen's Grammar School）就读。我一直不清楚她的背景，但我猜她有一点基督教的信仰，因为，学校传统上会在耶稣升天日（一定是礼拜四）放假。不过，这也不全然是祝福，因为我们还得去参加在纽卡斯尔座堂（St. Nicholas Cathedral）的早崇拜。我那时完全搞不清楚那是做什么的，更不会想到有一天竟然会写一本有关这方面的书，书名是《耶稣现在去哪里了——祂正在做些什么？》（*Where is Jesus now - and what is he doing?*，暂译）。

学校的师资参差不齐，年轻一些的许多都"从军"去了。有些已退休的又被找来支援，还有些则是免服兵役的，大部分是女士。自此，我的功课一落千丈，但我不是怪罪他们影响了我，也不该推责给那些一个又一个的学校。最根本的原因是，我没什么动力；学业，能过关就好。

我倒是真的通过不少拿到学校"文凭"需要通过的考试，足够申请大学之用。讽刺的是，"圣经知识"这一科，我的成绩最差。不过，那时候教我们这一科的瘦皮猴年轻牧师，似乎对打板球更有热忱，整日沉迷其间。

因此，我十六岁读完中学，没有什么特长，但我知道这一生要做什么。我想要当农夫。农业，是双亲两边家族留给我的因子，在保姆家农场度过的日子，更增强了我的信念。我那时还不知道，我在地上的父亲已经朝此方向规划；更不会知道，天父有祂完全不一样的计划。

进大学研读农业理论之前，我还有一年的"空档"，因此，家人要我多累积实务经验。透过父亲的接洽，我在两个农场找到工作，前六个月在诺森伯兰，后六个月在约克郡。

我的年少岁月就此结束了，迈向成人起伏多变的阶段，充满了挫折与创伤。

# 3
# 从犁头到讲台

十六岁时,步入成人的工作环境,说真的,着实是一种残忍的觉醒。绝大多数的产业,对那些笨拙的菜鸟实习生,都各有一套"入行规矩",农业界也不例外。我的"入门"礼,可分成三阶段。

第一阶段,是把我丢到一只"不出奶"的乳牛旁,学习怎么挤牛奶。又推、又拉、又挤,45分钟下来没有任何成绩。旁人告诉我,那可是需要神来一笔的窍门,就好像"骑脚踏车"一样!那头乳牛似乎还满享受我这么费劲,但可苦了我。

第二阶段,是埋葬一头死产的小牛犊。人家告诉我,按当地的法规,土葬时要选一块够硬的地,并且要挖12英尺深的洞才可以。几个钟头后,有个农夫正好经过,看我深陷土坑中,问我,是不是想挖隧道逃去澳洲。

第三阶段,是把我剥光,压住身子,逼使我的屁股浸到柴油中,还得用手去搓摸!我完全搞不懂他们要做什么,他们也很快就放弃了,留下我死命地把身体擦干净。

我工作的地方位于诺森伯兰中部,是一个耕种和畜牧混合的大农场，距离海岸不远。我在一个工人家的"地窖"栖身，他们家可以俯瞰瓦克沃斯（Warkworth）一座废弃的大城堡。我们清晨四点就得起身，骑车到三四英里外的地方工作，早餐前，要先挤完90头乳牛的奶。早餐后，要清洗、消毒所有的机器和用具。晚上，再挤一次牛奶之前，还有别的活儿要忙。

其中一项就是帮新生的羊羔开眼。切维奥特（Cheviot）品种的小羊，有时会有眼睑下垂的问题。治疗的办法就是用针线把眼睑缝到眉毛处，直到肌肉产生功能，缝线掉落。我常常觉得，这和我后来所蒙的呼召没什么两样！

我学会了怎样把玉米茎束成堆，怎样用热水替刚宰的猪刮除猪毛，怎样为牛犊穿上鼻环。我曾经负责照顾几只得了奖、身价高昂的牛犊，后来糟糕的是，一天早上，发现有几只竟然死了，另几只正在抽搐着。农场主人简直快疯了，我也怕得直发抖，前途难料。症状看起来像铅中毒，可是那里根本没有水管或油漆。最后，只好解剖查明原因，原来胃中满满是空气枪不成形的子弹。农场主人曾经送给他的小儿子一把空气枪作生日礼物，这儿子就在鸟儿最多的谷仓附近玩枪，因此我们收割好、用来喂牛的玉米，里头满是铅弹。我松了一口气，至少我不是直接的肇事者。

1947年严冬，雪花纷飞，堆积甚深，令我们动弹不得，只得铲出一条路，让拖拉机和雪橇可以出门，载回数袋的面食。我们也得把所有的牛奶送出，但奶油留着自己享用（从此爱上此味）。

我们没什么社交生活可言。每到周末夜晚，大家就挤进农场的摩里斯（Morris）卡车，往村中的礼堂去"跳舞"。我不喝酒，也不会跳舞（永远都要因为踩了别人的脚而道歉），可是我喜欢跟大伙儿在一起。高潮是欢庆收成的晚餐。大家先把谷仓楼上的地板清空，打扫干净，再以肥皂粉将木头地板刷得光滑晶亮，为通宵的晚宴和舞会作准备，所有的工人和家眷都来参加。我们也参加"年轻农夫俱乐部"的活动。我在这里初试啼声，参加定期举办的辩论，第一次在公众场合演讲，完全料想不到后来竟成为毕生的志业。

进大学之前这个"空档"的下半年，我转去北约克郡另一个农场，那是位于野草莓顶（Roseberry Topping）的一个锥形山头，靠近大艾顿（Great Ayton）景色宜人的村庄，也是库克船长（译注：Captain Cook，1728～1779，发现新西兰、澳洲的英国探险家）的家乡。他的纪念碑就竖立在山坡上，但所住的房子已经被拆卸，运往澳洲，在墨尔本重现。许多年后，我在墨尔本的一家旅馆从窗户往外看，哇！石砖墙和红色的浪形瓦，不就在那儿么，思乡之情油然而生。村子里的一所贵格会学校，以坐拥一大片绿地闻名，还有一家专卖炸鱼薯条的店叫"肮脏玛丽的"（Dirty Mary's，我永远没查出来，这形容词是针对店主、店家呢，还是店里的食物，不过炸物倒是十分可口。当然，也要看，食物是用哪种报纸端过来的）。

我的制服，也从艾尔郡的棕色、白色，转成菲仕恩（Fresians）的黑白色，不过，其他都一样，是一所"综合"农场。

在这里我学到了：务农其实蛮单调的。有一项工作是"薅草"。我们要握着一把长柄、尖头的镐，沿着玉米田来回巡视，把野草斩除，免得愈长愈损害作物。即使是一小片田，看起来都像草原那么大。不像现在，只要喷一点除草剂就可以了事。我常把自己（看起来很健康）红润的气色归功于这项特殊任务。当年，无论风吹雨打、日晒雨淋，都得上工。

我也学到：务农蛮危险的。说真的，这是最危险的谋生方式，甚至比采矿还危险。许多致命的危险来自机械器材，尤其是在陡峭的山坡地开曳引机；还有牲畜的攻击，特别是公牛、马群。我们遭遇过一两次，情况很危急，结局却令人捧腹。

有一头患了乳腺炎的乳牛，被隔离在一间幽暗而不上栓的栏内，由一个喜欢到处打零工、名叫艾诺瑞的人，以手压方式挤奶。后来，有一头刚买进的公牛被暂时关进那个牛栏，乳牛则迁往别处。当我们看到艾诺瑞提着桶子和小凳子到达时，大家都还在田里忙着，只能从远处喊他、叫他小心，偏偏他重听。等我们跑过去时，看到艾诺瑞走出来，喃喃自语："咦，不知道那老家伙怎么不对劲了；她今天都不肯让我靠近。"我们原准备要来帮他收尸的，或许那头野兽太吃惊了：居然有人要来帮我这头公牛挤奶！只能呆立着不知如何是好。

每堆好一座禾捆，顶端就会钉入一块很重的金属长钉，有点儿像铁器时代的剑一般。有一次，其中一个干草堆没有钉牢，结果就往上凸出来。某个工人从侧边滑下来时，长钉就从他工作服屁股的部分穿入，又从背部穿过，从领子和脖子中央穿出。那钉子不是在帮他抓痒，而是再差一厘米，就会沦为"穿刺公"（译注：Vladimir the Impaler，罗马尼亚人，1431～1476，嗜血如命）手下的牺牲品了。

有一次，还要绕着一幢幢的建筑物去追赶外头闯进来的小孩。他速度好快，越过牛棚，跑到谷仓的楼上；楼上分隔成三间，每间都有一个大门。我们以为这下一定能抓到他，因为再也没有别的出口了，不料，还真的有。结果，其中一个门有个吊钩，平日用来吊拖车和卡车上的粮袋，是在楼下好几码深铺了鹅卵石的院子里。吓我们一跳的是，我们的猎物竟然打开这最后一扇门，毫不犹豫地跳了下去。我们看不到他的脸，因为他往下坠了，但一定很像卡通片里许多小孩的表情。幸好，他落在一堆不经意囤在那儿的稻草上，受到惊吓，却毫发无伤。

在农场，除了身体上的危险，还有道德上的危机，即使田园风光看起来好像可以远离试探。我喜欢在动物和机器当中工作，但我也喜欢接触人。而且我正值青少年转成人的阶段，面对同侪的压力最是无能抵抗。我逐渐明白，过去的成长期受到多少保护，如今，我暴露在四种完全不熟悉的成人诱惑中——吸烟、咒骂、喝酒及性。

抽烟对我不是问题。十岁时第一次尝试后就放弃了。我们有四个人，买了一整包，跑进丛林里，每个人被折腾得像条狗一般，从此再也不想碰烟一下。有一次，我去德比（Derby）的市政厅讲道，提起这段往事。有一位在讲台上的卫理宗传道人，从我后面站了起来叫道："我那时就是跟你一伙的！"小心，你的罪会追上你。我现在都告诉人，吸烟不会让你下地狱，但是会让你闻起来好像在地狱。

咒骂的习惯就比较有威力了。我听到了整套全新的词汇，全是亵渎淫秽的用语。绝大部分这些"卑鄙用语"，都是在贬抑人生中两种最"神圣"的关系：人与神，以及男女关系。在三个最常用的字眼中，"该死的"（bloody 是 by our Lady，天主教的圣母马利亚）的缩写。而"地狱"（hell）及 F 开头的脏话，就不必多说了。天天被这类对话环绕，要脱口而出简直易如反掌，尤其在生气或挫败的时候。我只会偶尔溜出口，这与我的成长环境有关，而不是我比别人高尚。

酒精似乎放了我一马。那年代，我们家和卫理宗绝大多数家庭一样，绝对禁酒。有一位儿童主日学老师曾经说了可怕的故事，把一种对"魔鬼饮料"的恐惧深植我心；此外，我曾亲眼目睹一些人醉后失控的种种丑态，而且我实在不爱酒精的味道。现在，原则上，我不再是禁酒主义者，虽然我几乎不喝酒。

不过，性就是另一回事了。黄色笑语、浮夸的言词，都带有鄙视"贞操"的意味。这种外在的压力，正与内心逐渐苏醒的欲念相呼应，我觉得格外焦躁、自卑；而且，女孩子就在身边。这些都是二次大战时期"干农活的小姐们"，跟我们一起打工，还有些是从邻村来的。我带过一个小姐进稻草堆中，可是，除了亲亲抱抱，就不知道下一步该做什么了。她也不主动。男孩们发现了我们的"窝"可开心了，欢迎我们继续沉沦下去。我太害羞，不敢告诉他们其实什么都没发生！另一次，有个女孩来到我寝室、躺在床上，平静地告诉我，她没穿内衣裤。我的天真无知，使我无法联想这在暗示着什么，她悻悻然走了。后来，有个年纪较大的女孩，在农场负责打扫。她会大胆地挑逗，是个调情高手。每当四下无人时，她就会对男人上下其手，却从不让人对她得逞。她对一个瘦高金发碧眼的德国男孩这样骚扰了好一阵子，这个男孩是个战俘，留在农场等着遣送回国时，跟着我们一起做工。

我就这样得以毫发无伤，但这种相较之下的纯真，不可能无限地持续。我的属灵光景每况愈下，再也无法抵挡这样的试探。

在农场初期的几个月，我还会去教会，骑着脚踏车到几英里外的卫理公会。但这有两个难处。第一，我认为在"主日"骑脚踏车,干犯了安息日的规矩,这让我每次到教会,都有点内容可以忏悔。第二,乳牛并不会遵守安息日的规矩。我一大早就要起床挤牛奶,听讲时自然会打瞌睡,尤其是讲员的道若是很沉闷的话。所以固定聚会变成断断续续,然后变成偶尔才去,最主要的因素乃在于:我看不出这有什么大不了,也得不到任何益处,因为我和受人敬拜的那一位,尚未建立个人的关系。

虽然自己不知道,但我的人生其实已经来到一个关卡。我自己不懂得要选择人生方向,而是比较像随波逐流;只是,若眼前的生活不想继续向下沉沦的话,就非得有所改变不可了。窄路渐渐往后退去,那宽大通往灭亡之路,却在前方向我招手。结果会如何呢?1947年9月,答案在意外之中降临了。

现在,我得先告诉你,有个名叫芮汤姆的人,和我的表妹琴·辛克莱(Jean Sinclair)结婚。这表妹跟她的姑妈,亦即我的母亲同名。(当家父和家母还在交往时,有一次,爸爸写了一封热情洋溢的情书给妈妈,却误被另一个琴给拆了,她读得一头雾水!)汤姆的父亲是威尔士火车站的站长,凡是自卡马森(Carmarthen)出站的旅客,都会从他获赠一本圣经;这些乘客是从斯温西(Swansea)上车,回程再搭下一班车。

汤姆和他的兄弟狄克(Dick)都是非常热心的布道家,但狄克是被按立的圣公会牧师,主要在圣公会的教会服事。汤姆可能是英国战后不久最出名的布道家,虽然他也会花半年时间在美国，这对布道花费不无小补。每逢冬天，他会在伦敦主持聚会一整个月，听众坐满皇家阿尔伯特音乐厅（Royal Albert Hall），他谦称这是他"在肯辛顿宫的小小任务"。他在大西洋彼岸对年轻人的户外帐棚事工，令人印象深刻，不过他认为，在英国可能改成在乡间别庄举行更合适。因此，他便募款，在靠近肯特郡的汤布里奇（Tonbridge）买下"海登堡大厦"（Hildenborough Hall）。每个礼拜，都有一百个年轻人来宿营过夜。

有一次，我父母应邀来主持一周，父亲是外请讲员。爸妈邀我同去，我期待有更多社交机会，却压根儿没料到，就要经历人生中一个最彻底的改变。导致这改变的倒不是早晚的"聚会"，而是邂逅了其他的参会者，他们身上有一种我没有的东西。一个礼拜快结束时，我明白了，就是"那一位"使得他们与众不同。我遇到两位二战退役的飞行员，胸前配戴着驾驶喷火式战斗机所获得的勋章。这样的英雄，居然也是归信的基督徒，令我大开眼界。后来又碰到一些年轻男女，都曾因着信仰而受逼迫，有些甚至遭受父母毒打。虽然（或是因为？）有这些痛苦，他们与"主"的关系却更加坚固。这迥异于父母给我的影响，而这些人的年龄都与我不相上下。

最后一晚在大厅"作见证"，我第一个站起来。至今已记不得到底说了些什么，但有一事我十分确定，那就是我不再依靠父母亲给我的二手信仰，如今，我有自己的信仰了；直到今天，我都可以称耶稣基督为我的主和救主。这是个转折点。

会后，并没有任何人来找我协谈，甚至无人表示意见。或许，他们认为虎父无犬子，不需要任何辅导吧。也或许我表达得不够清楚，没有人知道那是我第一次的信仰告白。不论如何，我就这样开始了基督徒生涯，起步艰难，也没有足够的资源可以帮助我。

在没有更多的圣经知识和神学训练之前，我甚至不知道如何定义这个关键事件，也不知该如何称呼它。有些纯福音派会称此为"悔改归信"，是我的"重生日"；我不太确定。

我后来写了一本书，名叫《如何带领初信者》（*The Normal Christian Birth*，繁体中文版由以琳书房出版），如今被视为经典之作。我在书中提到，新约圣经中并没有任何经文暗示说，这种重生是有某个时刻性的，而是像第一次出生一样，需要一个过程、一段或长或短的时间；这种重生，必须包括四项基本要素：悔改归主、信靠耶稣、接受洗礼、领受圣灵。以我为例，这个程序又花了另一个十七年，四样才齐全，开始进入神的国。这么长的"阵痛"或"生产"过程，实在很不正常，但可能平均都是如此（"正常"是指应该如此，"平均"是指一般现象）。

就我的例子而言，那时，几乎没有悔改，自然也没有认罪（在圣经中，多半是指一件件地认罪，而不是笼统含混地认罪）。我当时比较多是意识到，未来可能再犯的罪会得赦免，而不是指过去的罪蒙赦免。就像许多人一样，我对"罪"的体认，比较像世人所意会的杀人放火，而不是更隐秘、更危险的，例如骄傲、自我中心，甚至像是不知感恩等罪。我虽然从未怀疑神的存在，却是过着没有神、不敬虔的生活。

我一直没有受洗。在那个时代，倘若要这么做，我相信别人一定会说：你婴孩时就已经受洗了。

关于"接受圣灵"的事，那时也是一无所知，并不认识圣灵。就我当时所知以及之后再认识的基督教，"接受"都是指三位一体中的第二位，而不是第三位（然而，在耶稣升天后，这个动词应该从耶稣身上，转指圣灵才对）。

尽管如此，我当时十分确定，从今以后我就是信徒了，同时也是耶稣的"门徒"（学生、学徒、跟随者：这是新约中最常出现的描述）。回到农场时，我已经换了一个人。对着乳牛挤奶时我会唱歌。有一本名叫《农民周刊》（*Farmers' Weekly*）的期刊，其中一篇报导说，在牛栏中播放音乐会大幅提高乳产量。我很想写一篇文章说，我老早就是改进的先锋。倘若我早一点知道这样做的成效，一定可以获取专利。

一个月后，我的生活又有大幅改变。我离开农场、进入大学的农业系就读。当时纽卡斯尔的国王学院仍属于德罕大学，我再度回到书桌前。我会选读这所学校，是因为父亲在那儿任教，教职员子弟的学费全免。当然，这也意味着我要再度回家里住；不过，这回不再是小男孩，可得适应好一阵子了。

头一年多半是基础课程，像是植物学、动物学。后者，有部分老师采取进化论观点。班上有一个同学是学生团契的主席，他公开挑战老师，勇敢承认自己是虔诚的基督徒，让对方哑口无言。我的化学课挂过科，但还好可以重修，经过家教补习后终于过关。

二年级、三年级开始有更多的实务课程，不再有那么多科学理论的东西。21项课程还包括会计、工程和兽医技术，但是，我们的主修是农业（crop）和畜牧业（animal husbandry），其中husbandry这古字是"照料"的意思（译注：此字含有"丈夫"一词）。我现在想来有点儿诧异，环保人士竟然没有恢复使用这个词，不过，我猜可能会冒犯了女性主义者（在政治正确〔political correctness〕尚未入侵我们的文化之前，生活简单多了）。我父亲专研"农业"（crop，有"收成"之义）的部分，因此学期课程结束时，他总会有一堂课，论及相信创造主与使用受造物的关系。这堂课不点名，但来上课的人数还是一样多。

我参加的课外活动不多，但曾获选为学生自治会代表，在这里，碰到一个很活跃的共产主义者。他舍弃家族制鞋产业的巨额财富，全心为自己的政治理念和抱负而奉献。我身为基督徒，有多少委身呢？每思及此，总觉深受挑战。

不过，我的基督徒生命也快速地成长，大部分是在家中的造就多过在学校的。我新近所经历的信仰，使我迫不及待地想和别人分享，不论对方是不是基督徒。换句话说，我愈来愈渴望和基督徒彼此相交，也喜欢向人传福音。起初，比较是透过"非正式"渠道，也就是教会以外和教派以外的，但后来也进入"正式"渠道。第一阶段，着重在与家父带领信主的两个信徒，以及他们的好几个朋友建立关系。

彼得（Peter）是个年轻的农夫，和他的姑妈住在一间老磨坊里，那是距离纽卡斯尔十二英里外的米尔本（Milbourne）村，两人勉强靠几分薄田维生。他为人亲切又富冒险精神，因此很得年轻人喜爱，走到哪就跟他到哪。他喜欢收藏交通工具，包括一部一千CC、文森特公司制造的"暗影"重型机车（HRD Vincent 'Black Shadow'，我曾经向他借来飙车，时速达到100英里时，吓得全身僵硬）。他还有一辆汉伯（Humber）牌的防弹车（没配枪），以及一辆美军除役的"吉普车"。他也会驾驶蒸汽压路机（那是一户粗心的人家，有一次把机器停在他家门口，蒸汽还冒个不停）。他也学习驾驶德哈维兰（de Havilland）的双翼虎蛾机（Tiger Moth），我跟着他上了飞机，坐在敞篷的驾驶舱后座，风从四面八方灌进来。我第一次主领丰年庆的讲道就是在他的一块田里，曳引机的一个座位权充我的讲台。我们若举行户外聚会，对象是电影院外大排长龙或惠特利湾（Whitley Bay）滨海地区的群众，他的吉普车就可派上同样的用场。

杰克（Jack）较年长，住在德罕郡惠德立山（Wheatley Hill）的矿村。他以前是个书籍装订工，现在则是当地矿坑的"重量检验员"，专门替一桶桶刚出土的煤称重，确保地底下的矿工可以获得他们该有的报偿。他住在一间小小的国宅，客厅里总是烧着一盆炭火（矿工的煤炭是免费的，会定期堆在街头上）。坐在火盆旁边的是他年迈的父亲，大家都称呼他"老爷爷"，而他总是抱着一本家传圣经在读。有一次我问他，是否把圣经从头读到尾，现在读第几遍了。他只是轻描淡写地说，现在读的是第十八遍；我又再问他，为什么要读那么多遍，他还是一样淡淡地、但很诚恳地说："我不想漏掉什么。"

杰克身边也总是跟着好些个年轻人。他悔改归主的故事很具传奇性，年轻人也就一个个归主。起初，他们只是在杰克的家聚会，很快就容不下，必须借用公共空间（俱乐部而不是教堂）才足以容纳上百人。杰克很有智慧地把他们和较大的青年事工组织结合，尤其是两个机构，其中一个是刚从美国来到英国的"青年归主"（YFC）。他们也与"基督见证会"（Order for Christian Witness）联合，这是由在英国伦敦金斯威会堂（Kingsway Hall）牧会的索普博士创立的组织。他每个主日都在海德公园的角落讲道（我去听了他九十岁生日那天的讲道，依然铿锵有力）。他每一年也都会举办"大型活动"

（像是美国的"布道会"），吸引"组织"里的数百个年轻人来听。他会强调，基督徒要跨出教会、进入社会。我就参加了两个这类的活动，一个在南威尔士，介于里斯卡（Risca）及克洛斯奇思（Crosskeys）的"下西河谷"（Lower Western Valley），以及英格兰中部的坎诺克蔡斯（Cannock Chase）。

因此，我初期讲道都是在餐厅及上班族俱乐部或街上。索普是个露天开讲的能手，他教我们一些如何聚拢人群的高招，譬如：声调不要太高太大，让外圈的人想听又听不清，人家就会挤进来、想听你说些什么。结果，就会有更多路人好奇，靠得更近，想知道发生什么事。他鼓励我们，用一些诘问、妙问妙答来引发兴趣。典型的例子如下：

"你知道灵魂是什么形状吗？"

"椭圆形。下一题。"

"灵魂长在身体的哪里？"

"就跟风琴里的音乐一样。"

这两个答案，都很合乎希伯来文的思维逻辑。他们认为"灵魂"是会呼吸的身体（因此，SOS＝拯救我们会呼吸的身体），而不像希腊人区分肉体与灵魂的二元论。圣经教导的是身体的复活，而非灵魂不朽。

天哪，我开始在这本书中传起道来了。不过，在那时期，我已培养出阅读属灵书籍的胃口，以后一辈子都嗜书如命。根据上次搬运公司的记录，至今我还有三吨多的书，摆满两个房间还有花园加盖的小屋。这些书对我是极大的祝福，虽然老婆头痛不已！这些书可分成三类：读过的，想读的，以及我可能永远不会读却忍不住买了的。一开始，我读的是魏德海的经典，《使人变化的友谊》(The Transforming Friendship，暂译)，单单前言，就带领成千上万的人与耶稣面对面。他曾在我们家留宿，我很引以为傲地向他展示我书架上满是他的著作。可惜，他最后的著作偏向新派，甚至成了怀疑论者（著有《不可知论的基督徒》, The Christian Agnostic，暂译）。

这阶段，我常去听那些在我们家留宿的讲员讲道。其中有一位，是在泰恩赛德踢橄榄球的明星球员雷亚兰，他顺便到市政厅举行一场布道会。他掀起一股令人难忘的旋风，尤其他那强壮的体魄更是吸引人目光。为了练习抢球，他把双肩练得很粗壮，每次都要对着墙推撞练习好几个钟头，如今他也同样有规律、坚定地分享他的信仰。市政厅还有另一场福音布道会，主讲人是来自美国、又高又瘦、有着浓密头发的年轻小伙子，他的名字从来没有人听过，叫葛培理（Billy Graham）！这是他第一次来英国，主领由"青年归主协会"主办的布道会。

这些基督徒聚会，就是被我归类于"非正式渠道"的方式。不过，除此之外，我也相当投入"正式的"（也就是宗派性的）聚会。因为再度住回老家，我理所当然也在原本的教会聚会，那是狄尔森顿路卫理堂（Dilston Road Methodist），是纽卡斯尔西北教区的领头羊。

第一步是取得会籍。我参加入会课程，一开始共有十个人一起申请，可是愈往后就愈少，到最后"入会欢迎式"中，只剩下我一人（万一我也离开？）。我的身份很快就从会友座椅升到讲台，因此，他们也给我一份"讲员需知"，认证我成为"本堂的讲员"（这是平信徒成为教区讲员的开始），主领主日崇拜，并且在督导之下"初试啼声"。我很快便成为"实习讲员"，在主日崇拜中站讲台。

因着某些因素，在沉默的会众面前，我会变得神经紧张，这是在俱乐部时代不曾有的。我在讲道前后老想拉肚子，讲道中间则口干舌燥（我称后面这个毛病为"法老的蛙灾"）。我会喝光讲台上的每一杯水，我这个浸泡在池水中的生物，可是有趣的研究对象啊。记得有一次，伸手要往讲台下面取水杯，手指碰到一片毛茸茸、暖呼呼的东西。往里一瞧，有只猫在熟睡呢。

我处理经文的方法多少有些怪异。早期我采用钦定版圣经（Authorized Version），那时还不了解，伊莉沙白女王时期的用语，会有很不同的意思（例如让〔let〕和避免〔prevent〕，事实上这两个词的意思，与现今正好相反）。还有一次，我讲彼得前书 2 章 9 节，"你们是蒙拣选的族类"，我用了 Ye are a peculiar people,（译注：peculiar 也有"古怪"的意思），再加以扩大延伸，说教会里充满这一类稀奇古怪的人，我们要靠着神的恩典才能和这些人相处。我真惊讶，当时怎么没被人丢石头！

我在"本教区"之外，渐渐有了名气，诺森伯兰郡和德罕郡，开始有更多人邀我去讲道。惟一的条件是，家父没去讲过道的地方，我不能去。结果，便有这样的评语出现："虎父无犬子。"或者更可能的是："也没有青出于蓝嘛。"我很不喜欢这类的比较，渴望有一天可以走出家父的阴影。直到十多年后，我完全脱离卫理宗的教会之后才终于实现。

　　除了神经紧张，其实我很喜欢讲道，到了热爱的地步。基于某种微妙的因素，我好像天生就是要吃这行饭的。我渐渐会期待下一次讲道机会的来临，迫不急待想与人分享我对神话语的新领悟；当然，我也比以前更勤于查考圣经，不单只是为了应付卫理宗平信徒传道人的笔试或口试要求。查考经文，真是令人兴奋的探索之旅。还是学生时，我很讨厌历史（history），可是现在查考"祂的故事"（His story），这太迷人了。

　　我开始对自己的前途感到犹疑不决。我还是想当农夫，也很喜欢系上的课程，可是又很想作传道。可不可能像家中几位长辈，二者兼得呢？可是，那又意味着只能在余暇讲道，对一个农夫而言，几乎抽不出空来。我一直在这两方面拉扯着。不过，我现在明白，不是由我来作这么难的抉择，而是我的主，定夺的是祂。

　　或许我该描述一下，当时我寻求"引导"的一些原则，也是我一生蒙引导的原则。先从"主"（Lord）这个字的定义开始吧。我们可以大略把这字译为"老板"，我深信，这是祂的责任，要告诉我应当做什么，而不是我自己去"猜测"祂的心意。没有哪个作老板的，会在星期一上午对你说："猜猜看，这一周我要你做些什么。"他若要你接不同的任务，就有责任告诉你。他若没说，你大可（正确地）假设，他要你继续进行原先的工作。我和我的"老板"之间一直都是这样。有太多基督徒还未听清楚下一阶段的任务，就先离开上一个工作或处境，宣称他在"寻求主对我未来的旨意"，以致常常搞得一团糟、满心惶恐。脚痒，未必代表神的呼召！因此，我向神承诺，无论代价多么高、结局会如何，靠着祂的恩典和力量，我愿做祂吩咐我的任何工作，去祂吩咐我的任何地方，说祂吩咐我说的任何话语；祂当然会负起祂当负的责任，清楚地指引我。祂会乐意如此指引我，因为祂知道这个仆人是顺服祂的，而我也会乐意如此顺服，因为我知道祂的轭是容易的、担子是轻省的。服事祂，真是全然地自由。

我把这样的两难推给祂——农夫或传道人；两者兼俱，或是只选其一？我很快就从别人获得祂指引的两段"话语"。彼得是我大学时代最要好的朋友，有一天，我们一起喝咖啡，他盯着看了我好一阵子，最后说："大卫，你最终会走上讲台传道，而不是去扶着犁头。"对我而言，这还不算清楚，我还记得圣经说，至少要有两个证人。后来，我走在纽卡斯尔的街道上，突然巧遇一位卫理公会的传道人，他曾在我们家乡的教会牧会，但现在已退休了（我还可以带你去看那个我们巧遇的地点）。他对我说的第一句话就是："大卫，你怎么还不去服事主？"这够清楚了！

第一步便是去找现任负责人，我们教区的"监督"告诉他，我想要在卫理公会服事的渴望和意愿（我那时尚未接触其他宗派，自是无从考虑）。那时期，卫理公会的牧师宅里有一位牧师，是退役的军牧，很精彩的人物。最初几个月他还冠着"少校"头衔，也穿着少校制服，因为在战时受炮弹轰炸，耳背严重，腰间系着一个巨型助听器、连着耳机。他以前下惯了指令，现在也唤醒了教会，使讲台充满了不寻常的气氛。我向他提起自己的抱负，他断然地告诉我，先回去把学业完成，一年后再说。几年后，我发现他根本没送出我的申请。我怀疑部分因素可能是，我之前曾有两年免服兵役，因为务农属于"后备职业"，全职学生也是一条豁免之路。如果他再推荐我去接受神职训练，我就永远不必从军了。但是，我坚持要申请，而当时另一位传道人，也就是卫理公会的教区主席（相当于"监督"）跟我约谈，决定支持我。

几周后，家父把我叫进他的书房，告诉我，他已经开始与人洽谈，帮我承租一个小农场，当我满 21 岁时就由我负责经营。他的远见很令我感动，但我不得不告诉他，我的天父几周前已经抢先他一步，呼召我作全职服事。他一点都没有失望之情，我猜，我其实正成全了他对我的期望。

完成农业系的学位之后,我开始进入"候选提名"的程序。但是,从申请到受训需要一年的时间,因此,我又再次面临一年的"空档"。出乎意料地,这时我正要开始一段全职的服事。机会来得这么快,地点也是始料未及,到底是怎么回事,请待下回分解。

# 4
# 摸索的阶段

我们一家人分散在好几个地方。两姐妹和我都离家，各奔前程。姐姐海伦修读家政，然后在芮汤姆的海登堡大厦作管家领班，之后转到卫理公会的度假中心担任经理。妹妹路得去伦敦，在英国广播公司任职，很快就担任协助《广播时段》（*Radio Times*）这份刊物的编制。

我们虽然各自从事不同的行业，却又以意想不到的方式聚首。她们俩都觅得良缘，嫁给卫理公会的传道人！手足成一家，且都受聘于同一个宗派机构，领相同的薪资，住在别人的房舍，使用别人的家具，这种情况应不多见吧。这让我们体验了一种共同感好多年。

我想，我父亲一定很"谦逊地引以为傲"（这是他最爱的用语之一），因为进驻了好几栋卫理公会牧师宅的人，最初是他带领的弟兄会产生的传道人，现在则是他的家人。他认为，献身卫理公会的事奉，是最崇高的呼召，或许是因为这样的呼召从未临到他自己吧。但三个"儿子"中，后来只有一个坚持到退休，这未免令他大失所望。路得过世得早，她丈夫在此之前就放弃了实质的牧养。我后来也离开卫理公会，转到浸信会。

真相比你所写的更糟！

1950年我还单身，"自由自在、无拘无束"，而且还要等12个月后才能申请为"候选传道人"。我想，不如趁此"空档年"累积一点牧养的经验，就好像之前到农场一样。因此，我便向卫理公会的国内宣教部递出申请，请求分发到"英国的任何地方"。当他们通知我、要派我去昔德兰（Shetland）群岛时，我吓坏了，那真是天涯海角！我甚至在地图上还找不到。记忆中，在学校的地图里有点模糊的印象，是画在福斯湾（Firth of Forth）的一个框框里，或是苏格兰东岸很远的地方。可是，不久我就上路了，从爱丁堡的海港利斯（Leith）出发，搭一艘燃煤的汽船"东方博士号"（SS Magnus），往北走了几天，途经亚伯丁（Aberdeen）和柯克沃尔（Kirkwall）的奥克尼（Orkneys），再经过费尔（Fair）岛，继续航行。好像要到北极那么远似的，但快靠近北极圈时就停下了。我服事主的旅程正要展开。

我对这些小岛的第一印象是荒芜一片。平缓的野地寸草不生，高耸的峭壁则布满野鸟。远方零星点缀着几幢茅舍，有些已经无人居住，甚至成了废墟。终于进了一个港湾，能看见"首府"勒威克（Lerwick）城，才松了一口气。这座城拥有港口，窄小的巷弄沿着山坡蜿蜒而建。位于最顶端的卫理公会教堂和旁边的牧师馆，暴露在传说的强风中，那就是我要落脚之处。我们的垃圾桶总是被强风吹着飞过街，连马路都不碰一下。

卫理公会的主席以为派过来的是个速记高手，可以

## 摸索的阶段

处理他的信函，偏偏我什么文书技能都不会。他很快就放弃要我听写打字的念头，改派我去牧养主岛北方的四间教会。我带了"伯明罕轻武器公司"（BSA）制造的一辆班顿系列（Bantam）摩托车过来，这是我第一辆也是绝无仅有的一辆，却是个错误。骑在寂寞的单线车道，虽然沿路设有加宽的会车处，即使夏天的日照很长，也是蛮危险的。但冬季天色暗得快，要与阴冷、强风和冰雪搏斗，更不简单。我常觉得自己不是骑在地上，而是腾空飞翔。有一次更是惊险万分，在转弯处突有汽车疾驶而过，把我逼到烂泥巴中。开车的人正是警察局长，充满歉意！从此之后，我不再惧怕执法人员，但对骑摩托车却更加恐惧。我卖了摩托车，以三十英镑买了一辆福特厢型车，原车主是用来卖鱼的，你闭着眼也能闻到。头几个礼拜，我开车去探访会友时，往往有家庭主妇拿着一个大盘子来到门口。当卫理宗的联会主席桑士德博士来雪特兰视察，注意到这是我们的交通工具时，他下结论说："我绝对不会猜到是二手车，我会以为那是自家制造的国产车。"

那时，北海石油尚未发现，此地经济不景气，岛上没什么人，青年都往南方去找活儿干了。在我负责的其中一个教会，一年内只有一次婴儿洗礼，没有婚礼，葬礼倒有十九次。鲱鱼干的制造业也走下坡。肺病是个头痛的问题。废弃的房屋可以便宜买进，后来，就转售作为勘油人员的度假屋了。

居民中有五分之一隶属卫理公会，比其他的宗派都多。昔德兰的居民，在从军投效英国陆军时，许多人因卫理公会的军中袍泽而悔改归主。十九世纪初，有一个士兵在滑铁卢之役受伤，返乡后带来了大复兴。百年之后，它的影响力仍然存在。我所负责的一个村对这个复兴运动有微小的回应，那个小教堂附近虽然不见住屋，仍然再次坐满了人。在另一个村，我带领了一个青年团契，我鼓励他们去向别人传福音；他们开始吃吃地笑，最后说了一句让我不知如何回答的话："可是，我们全部的人都在这儿啦！"第三个村，住了一位身材魁梧的"维京"裔女士，她照管一间在水岸边的小堂会。她不论晴雨都会站在外头，扯着钟绳，叫大家来参加崇拜聚会。倘若不见任何人影，她就会告诉我："我们已经来了，主也在我们中间，就开始吧。"我便用单指，在一架破旧不堪的小风琴上弹奏圣诗，甚至跟她收取奉献，并且向只有一名听众的会众讲道。我们便是这样地"与众天使和天使长"一同尊崇祂的圣名。薏莎（Isa）现在一定很享受与他们相聚的时光。

卫斯理宗派的"小班聚会"（class meetings）早已名存实亡，但是"小班入会券"（译注：class tickets，每季发一次，凭此券才能参加大堂崇拜）还是个别填写、发放，如此，至少可确保我每三个月去探访每个会友一遍。这意味着要消耗掉无数的"大麦饼"（bannocks），在浓茶中涮一下（浓茶则以铝壶装着，放在炭火上保温）。

## 摸索的阶段

有一回，我替一位卧床的老姐妹泡了一杯，她随口吐了出来，并说："太凉了，要从滚水的壶中倒出来才行。"

当地的居民，斯堪的那维亚裔的多过苏格兰裔的，所说的方言也是如此。我去敲门拜访时，总会听到一句问候话："进来，您好吗？"（Cum trow, hoo ist dee?）当你被当作朋友接纳时，"您"就会改成"你"。我搭过许多次船，但从未上过渔船。渔夫非常迷信，不允许猪或牧师登船！他们这行业风险很高，有些村庄，住户满是穿丧服的寡妇。葬礼只为男士举行，墓碑通常是躺平的，省得强风吹倒还得再费劲竖起。夏日的夜晚有北极光点缀，被称为"美丽的舞者"，因为头顶上总有粉红、绿色的彩带在闪烁。

我曾经飞回南方两次，搭乘二战后改装的达科他（Dakotas）机种，回去参加卫理公会的圣职甄试；一次是在佩斯利（Paisley）中央教会"试讲"，另一次是最后的面谈及健康检查。健康检查时，我一定是太紧张了，事前跑了两次厕所。后来，拿到小杯、被通知要取尿液时，却是再怎么努力都尿不出来了。有一个跟我一样的申请者，看我可怜，很慷慨地分一点他的尿给我。幸好他的身体很健康！后来，我被派往剑桥受训。

在昔德兰的一年好快就结束。我已爱上这里的居民和这地方。我学到的比我教导别人的还多。照管教会也更有信心了，尤其是讲道方面，只是没想到，后来在神学院完全不吃这一套。当我从亚伯丁驱车往南时，浓密遮天的林荫吓了我一大跳，我已开始怀念"极北之地"了（Ultima Thule，这岛的古名）。我的心已经有部分留在那里，即使我后来再也不曾回去把它找回来。

剑桥实在美，宏伟的建筑，户外的绿地以及青青河畔。在此生活真是惬意。有好多次我会撑篙越河，穿过草坪来到格兰切斯特（Grantchester），那儿教堂的钟总是指着"2点50分"。那段日子，我们大多数时间还要穿袍式制服，当学监们和他们的两只"牛头梗"（其实是人）在天黑后，在大学城的街道上四处巡逻查看有没有人犯规时，往往让我们十分清楚地意识到，在"城市和学袍"（town and gown）之间拉扯的社会张力。

卫斯理学院位于耶稣学院隔壁的耶稣巷里。我永远听不惯群众在看剑桥的划船比赛时，大声叫着："耶稣！加油！"我们学院，往往被卫理公会其他学院的人看作是"为神学赛马使用的育马场"。所有的学生都是大学毕业生，因此只要上完21个月的课程，即可获得神学的学士学位。之后，只要再缴一笔费用，即成为神学硕士。但是，每个人必须在大学城内夜宿达到规定的天数，不过放假期间夜宿也算数。

虽然我们也修了自己宗派的两位老师，傅鲁（Flew）和傅莱明顿（Flemington）的课并接受他们的指导，但大多数的研究课程都是在神学院（School of Divinity）上，这里就有来自各宗派的学生和学者了。学者像陶德（C. H. Dodd），当时是"新英文圣经"（New

English Bible）翻译团队的领袖。他曾跑去伦敦的史密斯菲尔德（Smithfield）的批发肉市，把浪子比喻中"肥牛犊"的六种翻译拿来请教肉贩：哪一种在今日最容易懂？大家异口同声说"肥牛犊"（the fatted calf）最容易！另一位是约翰·罗宾森（John A. T. Robinson），后来成了声名狼藉的伍尔维奇（Woolwich）主教，也就是那本激进、甚至是异端著作《诚实面对上帝》（*Honest to God*，暂译）的作者。这本书会畅销，大部分因素是媒体推波助澜。但他讲解罗马书的课，仍是依据保罗的福音，十分精彩。他后来再回归教学生涯时，又恢复了对圣经的信心，他其实不应该离开的。

可是，我对神话语的信心，开始受到打击。在神学院，我们好像被教导，读圣经时要拿着一把剪刀似的。创世记不是摩西写的，而是由四种底本来源"耶典、神典、申典、祭典"（JEDP）合成的。先知以赛亚的死因，是被塞进一根中空的树干，然后从外锯成两半而死。他的先知书则被拆成三部分，第二以赛亚和第三以赛亚是后来加上的。福音书呢，也一样，被分析、肢解；有一种"来源"，称作 Q（德文 Quelle，意思就是"来源"），因为，没有人知道它是从哪儿来、什么意思。保罗所有具名的书信，也不全是保罗写的。除了"低等批判"（为了恢复原始经文的努力，是有益的），还有"高等批判"，主要起源于德国（以人类的推理和科学的哲理来研判经文的可靠性，质疑其中所有"超自然"的元素，如神迹和预言）。

我们的脚还能够实际落地，全是因为周末时得去附近的教会讲道，地点是只要骑车、搭公交或火车可到之处。我第一个被"分派"实习的地点，是靠近彼得堡的一个乡村，我的舅舅曾在那儿牧会过。有一次，讲完道后，一位长辈在门口遇见我，带我穿过教堂，到厢房坐坐，问我想不想喝杯茶后再骑车回去。我说好。这时我看到一座铁铸、壶形的火炉，上面有排烟管，可用来取暖，他指着那炉子说："你一开始讲道，我会放一壶水在上头，那是要帮你泡茶用的。我们这儿有个默契，水煮开了，讲员就要结束讲道。"我便问他，通常要多久才会开，他说，整整有22分钟。然后，他眨眨眼又说："记住，有些讲员，我只放半壶水！"因为那是我第一次讲道，所以有一整壶优待。

学校有一个很著名又兴旺的团契，叫"剑桥基督徒学生联合会"（Cambridge Inter-Collegiate Christian Union, CICCU）。倘若我那时加入，可能会减少很多信仰上的危机。但是我们当时不受到鼓励，所以只好在有限的时间内，参加"卫理公会学生团契"（METHSOC），我们每个神学生要带领一个周间小组，但其实大家聚会时的讨论，大半是汇集更多个人的无知。因此，我一直到很久以后，才认识什么叫"福音派"。

我的神学课业和我的讲道，两者存在着愈来愈大的鸿沟。我只好靠以前在昔德兰的讲章存粮，但也很快就用完了。第二年，我已经写不出任何新的讲章。我第一次"试讲"大大成功，讲完后，要在同学和老师面前被评比，但第二次就变成一场灾难。我对讲道完全失去信心，不管是信息或方法。

我通过考试，成绩还不错（仅次于最优等），可是我还没预备好面对实际的牧养工作，一想到就心里慌乱无助，又不敢向人吐露。绝望之余，想到一个脱困的方法，就是开始申请研究所、继续读书。意外地，竟然录取了。如今回想，我相信是主格外施恩。祂耐心等待，知道我还需要这段喘息的时间，替未来作预备。

我获准自行拟订研究计划，选读想要的课程和书籍。我的范围从哲学到心理学，撰写的论文主题为"使徒行传第二章：五旬节那天究竟发生了什么事"。我的结论是：这是太古老太遥远的事了，谁也无法确定！结果，连我所景仰的那些学者都不赞同我。

我的阅读相当广泛，后来，接触到两本再度挑旺我信仰的书，也恢复了我的信心。其中一位作者，我在今生已经当面向他致谢过；另一位，就待来日到天上相会了。这是两本对的书，出现在对的时刻。

第一本是瑞士神学家奥斯卡·库尔曼（Oscar Cullman）写的《基督与时间》（*Christ and Time*，暂译）。西方文化一向以希腊哲学为本，留下的影响便是：神是在时间之外，永恒意味着无始无终。但如今，我开始学会像希伯来人那样思考。神，是在时间（和空间）里实现祂的旨意；永活的神，过去、现在、未来都不改变。

我第一次了解到：圣经原来是一个完整的故事，当中，神的奇妙作为、拯救世人和宇宙的计划也深深吸引着我。我的讲道也再次丰富起来，相较于以往，格局更宽广了。

另一本书叫《神的家》（*The Household of God*，暂译），作者是纽毕真（Lesslie Newbiggin），他是当时刚联合成立的"南印度教会"（Church of South India）的会督。这本书帮助我对教会有更宽广的理解，知道不是只有我成长宗派的传统而已。他预期，五旬宗／灵恩派最后会成为一个像着重圣礼的天主教，以及着重圣经的福音派那样大而具有影响力的潮流；他也预期，这三者会携手完成使命，将福音传至地极，直到世界末了。

因着对圣经有更深的认识，对教会有更广的视野，我开始对未来更有信心。心情也比较放松了。我会在读了几小时书之后，拿出滑翔翼来调剂身心。我全力投入一个靠近机场的教会，在此，可以暂时离开那种学术热锅的环境，再度服事一群"正常"人。当卫理宗的联会着手要差派我们的去处时，我也开始寻求我的"第一站"。我大学同学的父亲，代表一间位于泰晤士河畔的沃尔顿（Walton）教会邀请我时，我便欣然接受了。

按卫理公会的标准来看，这教会所在的是满小的"教区"，共有五间堂会，两位传道。我的"督导"负责照管沃尔顿和威布里奇（Weybridge）一带颇为漂亮的地区，我则被指派到切特西（Chertsey）、阿德尔斯通

（Addlestone）和谢珀顿（Shepperton）。我很少见到督导，因为他喜欢专心照管他自己负责的堂会，让我在自己的领域摸索。

他们也帮我找到一个住处，和两位年长又属灵的老姐妹一起住。她们和我都不用费心去改变谁的信仰！她们在花园里种了许多金线莲，我不该多嘴说这叶子可以拿来拌色拉吃。你不难猜到，我以后的餐桌经常出现什么食物！

我住在彻特西，这个沉睡的小城，以泰晤士的闸门所在地出名。每晚六点必有圣保罗大教堂的报时钟响。你若听过一首民谣，就会知道它的故事。"抱住钟，奈莉，抱住这钟……你可怜的爱人被关在阴冷的监牢里。"奈莉的爱人，原本傍晚六点就要被吊死，奈莉为了救爱人，以自己的身体阻挡钟声响起，竟不知道从伦敦正传来消息说，她的爱人已被判了缓刑。

因为要照管三个教会，我把每季的讲道，"规划"成较短的系列式讲道。其中一个系列便是"救恩"的六个部分：从罪中得救、靠着恩典、藉由信心、拥有确据、迈向成圣、直奔永恒。我现在更像个教师，而不是讲员了；我也很快就注意到，这种系列式讲道所累积的果效。会友开始成长，对信仰也稳定地产生关注和期待。其中有一间堂会，我们还必须开放原本已封闭多年的回廊。这替未来提供了一个指标。

可是，几个月后，我就觉察到自己停滞、或至少碰到一座高原。服事变得像例行公事。只能在宗派的体制内载浮载沉，没有什么空间容许改变、尝试或作信心的冒险。我无法从任何人学习新的事物，只有在每一季与同工们碰面一次，"计划"接下来三个月的讲员。我好像走进一条死胡同。

事实上，我觉得很孤单、乏味。我买了一辆1928年"奥斯汀七型"（Austin 7）的迷你二手车稍作整修，并在邻居的院子里重新喷漆。我给她（不是"它"喔）取名叫"多加"（Dorcas），和使徒行传那位"广行善事"的女士同名。我经常开着这辆车去吉尔福德，看一座正在建造的大教堂，怎么也想不到，有一天我竟然会在那座教堂内参与委身于圣灵的"更新"工作。

此外，多少有一些有趣的事情，减轻了一点平日的单调。其中一件便是丧礼。附近一间餐厅的老板去世了，他的祖母是卫理公会的会友，因此便由我来负责。我早就料到，来参加的人必然都是他那群未信主的顾客，因此并不觉失望。我决定冒险，"把他们挂起来，在地狱烤一烤"，因为那时有关地狱的讲道，都讲述得非常逼真。我还在讲道时，死者的兄弟突然离座，步出走道然后爬上讲台。他长得高头大马，我以为他要把我一拳击昏，只因我暗示，他的兄弟已经走上背离天堂的黄泉路。然而相反地，他上了讲台，热切地握住我的手说："牧师，你这道讲得真是要命的赞！"我才明白，原来他为了这场面，还喝了点酒壮胆。我告诉他，我还没讲完，好不好请他先回座。他很谦逊地安静回座。我自此明白,替未信者主持丧礼,需要拿捏个中的微妙平衡。讲得无关痛痒,吊唁者只会得到虚假的安慰;讲得太过头,他们又会觉得被冒犯——至少,他们若是清醒的!

# 5
# 从约克郡到阿拉伯

一开始，我就要先说明，蓝克（Rank）家族对卫理公会的帮助非常大。约瑟夫·蓝克（Joseph Rank）在郝尔（Hull）经营面粉磨坊而致富。他捐出大笔产业作慈善基金，建造了许多教堂，也协助许多宣教事工。他的儿子亚瑟·蓝克（J. Arthur Rank）多年来主导着英国的电影制片。除了给一般人观赏的电影（尤其是喜剧片），他还为儿童制作快乐周末派（Saturday Morning Clubs）以及布道的影片。多年来，他也一直担任主日学教师。

国内宣教部后来有个点子，想把父子两人的资源结合，便提议成立行动福音队，每队配备一部电影休旅车（在车后竖起透明的荧幕，即可放映电影），再加上拖车，里头就可以供两个传道人住。大多数传道人都是刚刚大学毕业，单身，本身还没什么牧会经验。因此，我也中选。

我雀跃不已，又被分派与罗伊（Roy）同工，我们很快就学会如何操作发电机，以及大荧幕的电影放映机。之后，便往指派的地区出发，那是靠近南约克郡唐卡斯特（Doncaster）的煤田；我们都是以卫理公会当地的堂会为根据地。

从一地换一地，还真有点儿麻烦，因为我有一辆奥斯汀，他也有一辆摩托车。每到一个新地方，我多半先开那辆大的福特森厢型车和拖车去，后面跟着罗伊，到了以后我再骑摩托车回去，把"多加"开过来。罗伊很好相处，总是听我的，又会烹煮风味绝佳的英式早餐。另两餐，大多由当地的教会供应。我们会在采煤场和矿工见面，有时也会蜿蜒穿过那些狭窄的坑道，在矿坑口与刚交班、想要往酒馆或俱乐部去的工人碰头。当时怎么也想不到，绝大多数的矿坑会在几年后就关闭了。想成为"亚瑟王"的司卡吉尔（译注: 'King' Arthur Scargill，英国煤矿工会领袖），当时尚未跃上政治舞台。

坦白说，我并不认为这个计划很成功，倘若我们是以从未去教会而悔改信主的人数来计算。那些受过牧会训练的人，很少是成功的布道者（五旬节派例外，他们倒是有许多布道家太想从事牧养工作！）。这当中有不同的恩赐和呼召。我们发现自己愈来愈少做外展事工，而是忙于教会里的工作，所以希望能启发、引导会友做外展事工，藉由福音的基本特质来更新他们。我想，别的团队也是如此，因此整个实验很快就被遗忘了。

可是，这次的经验对我们而言却很珍贵。我们要不断地接触新朋友，面对新状况，尝试以新的方法来接近人，才不会沦于死板，也会有冒险进取的心。对我而言，我从此就清楚自己有教导的恩赐（以弗所书第四章中五重恩赐的最后一种），不论是对基督徒或未信者皆然。这使我得着一种真正的自由感，知道在基督的身体中，我究竟"适合"被放在哪个位置上。这也可消除那些因错误尝试而产生的挫败感，亦即做了不是主要你、或希望你去做的事，同时又可帮助你把时间和精力投注在祂要你做的事情上。

有一段时间，我们也越界到林肯郡，在斯肯索普城（Scunthorpe）和附近举办了两次福音聚会。结果，在冈尼斯村（Gunness），我遇见一个年轻的姑娘，后来成为我的妻子（在此暂且不表，容后再叙）。我的小车这时变得非常有用，谁会开着一部大卡车去追女朋友呢？后来，在唐卡斯特最后一次的晚会，我们向大家宣布订婚，在场挤满了来自各地的朋友。

可能因我从此专注于即将成为我终身伴侣的未婚妻身上，那晚开始，罗伊和我就分道扬镳，彼此没有再联络，即使我们曾经同工同宿十二个月之久。我不记得我们之间有任何不愉快，更别说拌过嘴什么的，大部分是因为他个性很温和、不固执。不过，我们一直就只是工作伙伴，并不是什么推心置腹之交。

我们只签一年合约，因此，约满后，都在考虑下一步何去何从。曼彻斯特区的主任希望我过去那里，负责一个在国宅区中新设立的堂会。我的祖父在牛津堂曾经有很成功的服事。但从一开始我就知道，那并非适合我去的地方。在回家的火车上，我就有一种不寻常的预感，在拖车地板上会躺着一封给我的信，那必然是我下阶段服事的通知。结果，真的有一个蓝色信封，上面还有个标记。那是霍浦金斯空军上校（Group Captain Hopkins）寄来的，告诉我说，皇家空军将招募一位军中牧师。目前已有九人申请，但他希望把我也列入考虑。我从未在军中服役，也压根不想去。我记得，当时我还在拖车的地板上多找了几回，看看还有没有别的信可供其他选择，却遍寻不着。我别无去路，只得同意。

几天之内，我已经坐在一张单人椅上，接受一整排军官的询问。有一名军士负责引导我们一个个进房间口试。他先在我耳边说："先生，你只要想象这些人都只穿着内衣裤就好。"若不是他，我一定紧张死了，真谢谢他的提点。想象他们每个人都穿着吊带背心，我就一点儿也不紧张了。结果我被录取，虽然我是惟一不想去的！

我很快就被送去中央医疗单位进行详细的体检。我很讨厌体检，因为觉得尊严扫地、颜面无光。如今想来不禁令人发笑，尤其是在两个场合。我作听力测试时，要从远处听愈来愈小的声音，然后复述，直到无法辨认为止。一开始，我正确地说了，"鱼"、"薯条"，第三个词几乎是耳语，又是个脏字，我便说："我不能说，因为我是要去军中作牧师的。"测试员大笑说，"好，你听力正常！"签字了事。然后，我得要全裸走进一个小房间，里面有个医生在桌旁写字。他抬头看着我说："噢，牧师，请过来。"那是对军牧的昵称，我很好奇他怎么知道。难道我脖子上围了一个像狗儿项圈的牌子？后来我跟一个也在作体检的飞行员讲这件事，他眨眨眼说："至少他不是叫你拉比！"

我去了一趟二手的制服部回来，就成了官拜少尉的空军。大多数的军牧，都要先去军官训练中心，我则是直接被派去靠近伍尔弗汉普顿（Wolverhampton）的卡斯堡（Cosford）。那里有二千名十几岁的新兵，看起来更像是寄宿学校。一早就在大操场集合，还有军乐队和祷告。很幸运地，头几个星期，有一位资深的军牧带领我这菜鸟如何"上道"。他事先告诉我，第一个早晨，我要站在旗杆后的树丛中，看他如何带领祷告。结果他睡过头了！司令官到场时，看见我就问："今天你值班吗，牧师？""报告长官，不是的。我刚刚报到，还不清楚怎么做。""那就出场，祷告几句吧。"我缓步向前，这一生从未踏过正步，看见一名又高又帅的绅士，虽然没佩戴任何臂章，但我猜他必然是位重量级人物，便向他行礼。他一脸疑惑，也赶紧回礼。原来他只是个士官，位阶比我还低。向后转时，我差点跌倒。这使得我和那群男生的距离拉近不少，不过，早已吓出一身冷汗。后来我在办公室用香烟贿赂一名飞行队的士官长，请他教我该如何踢正步、行军礼。

我名义上是负责长老会、卫理公会及联合教派的军牧。事实上，除了天主教及圣公会的会友，剩下的全由我包办。我们有自己的"教堂",一间庞大的木造建筑。每逢主日上午,所有男生不论晴雨,都会穿上最正式的蓝制服,在操场集合操兵一小时后,再齐步走向教堂,每个人都要参加崇拜。这意味,教堂坐满了人,但气氛并不热络。后排也会出现几名职业军人的随团眷属,但大多数出席的是男性,与一般平民教会里,我所谓的以妇孺为主的"救生艇"(lifeboat)会友很不一样。这是一群被迫枯坐的听众,我必须加倍努力,才能吸引听众的专注和兴趣。崇拜后,在餐厅有为军官预备的饮料和茶点,偶尔也会在此讨论刚刚的讲道。

我就住在军营的餐厅里,有个勤务兵替我熨制服、擦皮鞋,每天早上还帮我送一杯茶。我们会在餐桌旁等着吃中餐,也会有定期举办的"聚餐晚会"。有一位资深的军牧劝我,在晚上九点左右就要离开,以免场面失控、难以收拾。有一次,我就在布告栏上看到一幅漫画,两名军官在吧台旁,注视着一位喝醉酒的军牧,身上还穿着有狗项圈式衣领的讲道服横躺在地板上。那名军官对他的同袍说:"我最受不了这名新牧师的,就是他那种'假仁假义'的态度。"

我还留着"多加"这部老车,只是,每次停在餐厅旁的停车场,旁边都是跑车或时髦的轿车之类的,未免觉得有点丢脸,如果还不算引以为耻的话。后来,听说有一位军官也有一辆"奥斯汀七型"的迷你车。有一回,他去休假时,同事把车子整个分解,然后在他的卧室里再重新组合起来。他回来，还得整个重来一次，才能把车子请出去。我听了赶紧把老车卖掉，还比买进来时多了五英镑，改买一辆有天窗、门上有着像奶酪刨丝器的格子栅栏、低车头灯的小摩里斯（Morris Minor），觉得很威风、很快乐。艾妮（Enid）和我结婚后，进出都靠这辆车。

报到后，我就向负责已婚宿舍的女军官报告，因知道平均要花两年半的服役时间，才能累积够多的点数，获得申请宿舍配给的资格。我们才刚订婚，我心里有数，就慢慢等吧。令人吃惊的是，她当场就说因为多盖了，现在有两间空屋。我问，那可以帮我保留多久？她问，何不立刻办理登记。"因为我还没结婚啊，我还得先有个老婆。"她当场爆笑说，帮你保留六个礼拜好了。自此，流言在营中四起，说我在找个老婆、却没有任何人申请——营中几个女子都是已婚的。我打电话给艾妮，告诉她，如果我们在六周内可以办完婚礼，当天就可以住进一间家具齐全、独栋的房子！她办到了，我们也真的住进来了。更多的故事，容后再叙。

按空军的规定，这些入伍的男生还有个固定课程，就是每周的"牧师时间"，由我负责提供他们"些许宗教性"的东西。我要他们分成不同的组别，大约有24组。第一次的话题是先调查他们所属的宗派，举手计数。其实，他们在报到时，都已经登记了。"这里有哪几位是卫理公会？浸信会？长老会？公理会？救世军？等等！"

立刻有人举手。接着，我再以相同的语调问："那么，有几位是基督徒呢？"偶尔会有一只手举起，伴随着一张热切而微笑的脸庞。但通常，男孩们都面有难色、彼此对望，看看有没有谁举手。我们的对话会持续如下：

"先生，请问'基督徒'的定义是什么？"

"你认为我会下什么定义呢？"

"遵守十诫的人。"（答案一成不变）

"好。这里有几位是基督徒呢？"（更多人面有难色了）

"先生，可是谁也无法完全遵守啊！"

"所以，要作基督徒，得遵守几条诫命呢？"

"十条中的六条，先生。"（又是一样的答案）

"好。那么，现在有几位是基督徒？"（更多人面有难色）

这样，最后都会达到热烈的讨论：怎样才算是基督徒。

有好多男孩会想家，后悔入伍从军。我们住进眷属宿舍后，就方便给予他们一种家的温暖，请他们吃一罐又一罐的烤香豆。还记得有人盯着餐桌，说："哇，桌布欸！"可是他们按规定不许进出军官的家，这成了我的一个污点。于是我去说服司令官，试试看，主日早上崇拜前不要操兵，让他们以参加聚会为荣。起初，这招还满有效的，聚会气氛大大改善，不料却引发意外的结果：许多名义上是圣公会的人，开始跑来我们这里，导致他们的军牧呛声抗议。当局受不了，决定把我外调到亚丁（Aden）去。

于是，我不得不暂别已经身怀六甲的妻子，承诺会尽快找到栖身之地，再接她过来团聚。那时正逢苏伊士运河危机，因此，我的飞机得绕道马耳他、撒哈拉沙漠、尼日利亚、乌干达，最后才抵达亚丁。在卡诺（Kano）时，我和一位同袍想出外逛逛，当地的导游带我们到一个满是蛇蝎的石洞，却在门口遭挡驾，要另付"小费"才可通行。在那里，我亲身经历了什么叫蝗虫过境，在日午时分，一个半小时的时间里，蝗虫遮天蔽日，周遭没有一处留下半英寸绿意，全部都被蚕食鲸吞。我还听得到它们用力咀嚼的声音，尽管当地居民拼命却又无助地想抢救一点收成。完全就像圣经所记载的实景。

亚丁其实是个鸟不生蛋的地方，又热又湿。我们在那儿必须吞服盐锭，来补充因流汗过多而失的盐分，而且每天必须喝足十三品脱的水。可是水源来自凿井汲取的地下水，本身就含有天然的泻盐，只能掺入柠檬粉趁热或冰凉着喝，权充汽水饮料。不冷不热的话，就像催吐剂一样难喝——这又像是圣经的另一段记实。

我在克拉特（Crater）找到了一间公寓，这是阿拉伯的一座死火山城，要过桥，来到一个悬崖裂口的边缘。公寓可俯瞰这城的垃圾场及焚化炉，但没有厨房，因此我废物利用，搭了一个二手的洗手槽，再买个瓦斯炉；

相较于我们新婚时的宿舍真是天壤之别，可是当小婴儿出生后，却是我们的第一个家。我们也可自在地接待不同军阶的空军袍泽。

我们在此地没有自己的教堂，只有一小撮"其他宗派"的信徒，定期在当地圣公会的教堂聚会。有一次，我把守圣餐剩下的面包拿来喂鸟时，"牧师"吓呆了。我只不过是效法天父喂食鸟儿啊，根据的是登山宝训，不过，事情很明显，我们需要有自己的地方了。我终于找到一间木屋，稍微装潢一下。勤于浇水之余，外面还有一座小花园，可惜两次沙尘暴就把花园毁了。

人数开始攀升。我们设计了一个布道方案，称为"撒网行动"（Operation Dragnet），四处张贴海报并发放传单，上面也只印这四个字，为要引人注意，再个别告诉人它的意思。可惜上级总部不高兴这种悬疑气氛，怕我们暗中搞什么计划，只好遵命移除；但是已经达到效果了。最有效的广告就是靠口碑，人人替我们宣传。

我的讲道也大有改变。大家都喜欢听你直言不讳，即使不一定同意你。他们也喜欢严格的要求，咀嚼有嚼劲的肉块，不过我通常会努力地加上调味酱。我也福至心灵（自从认识祂更深之后，现在我比较喜欢说，是圣灵"这一位"的帮助）向大家宣布，要从"创世记到启示录"作系列的查考。结果是，对我、对会友，都是一件大开眼界的事。我们开始明白神的救赎大业，就是拯救这个宇宙，尤其是对人类的拯救。这诚然是我事奉上的里程碑。

## 从约克郡到阿拉伯

除了在亚丁的基地，我的教区尚包括阿拉伯半岛南岸、一直延伸到波斯湾的几个驻防地。我多半靠小飞机，在一处事奉结束，再飞到另一处。指挥官多半下令要部属参加聚会，后来我向他们解释，我宁愿到处走动，亲自邀请他们来参加。有一件事我一直记得。我在塞浦路斯的军牧长官捎来一个讯息，告诉我，在巴林（Bahrain）将有一次"未经许可的宗教活动"；他指示我立刻过去，制止那个活动。我飞过去，发现那是个没有官方代表出席的聚会；有一名下士开始了一个基督徒团契，现要在泳池里为将近六十个人施洗。我非常兴奋，讲了平生最长的一次道（三个半小时），然后飞回。我向长官报告说，我没办法也不想以任何方式来压制神的工作。毕竟，我是非"国教"系统的军牧！只可惜，有个悲哀的下集。许多年后，我在北英格兰向一群传道人传讲有关"宣教"的课题时，大家听得津津有味（即便不算火热），只除了一位教区牧师。他的吨位颇重，从头到尾都无任何表情，嘴巴不笑，双眼无光。结束后，我直接走向他，希望私下交谈，或可克服众目睽睽之下的不便。他一开口就告诉我："我们以前见过。"没错，就是英国皇家空军的那位下士，他现在是国教机构的一员。我真想哭。

当然，这一切都发生在阿拉伯这个穆斯林文化的环境中，放眼四处皆然。对我，这是头一遭身处全然不同的生活方式，充满异教的氛围。有一位军官就曾给我看一张照片，有个人因为在市场上偷了一颗橘子，而被砍断手，断手后再涂上沥青。他那痛苦的表情，在我脑海中萦绕了好几天。另有一次，我正和几个朋友在二楼的阳台，看见楼下大街上一群激动的民众，抓了一个全裸女孩的头发，在地上拖行。我问朋友，我们是不是该去做点什么，朋友说，别去碍事，她犯奸淫被抓，现在要拖出去被石头打死。这又是圣经鲜活的一幕。

圣诞节那天，我带一群新近信主的朋友去郊游，主要是想避开军营中喝酒狂欢的场面。我们去到一个阿拉伯渔村，随渔夫出海。有一名渔夫告诉我，基督教"非常糟"，因为基督徒庆祝他们教主诞辰的方式，竟然是烂醉一通（穆斯林世界禁酒，不过，可以自由地嚼"卡特叶"〔qat〕，一种富含兴奋剂的树叶）。我试着向他们解释，生在英国的人，可不是每个人都是基督徒，这一点他们完全无法理解。在阿拉伯，每个人一出生就自动成为穆斯林。

伊斯兰教最令我惊讶的一点，便是其宿命论。"若安拉愿意"（Insh'alla），是民众对神大能的一种无可奈何的表达（"穆斯林"这个词，意思就是"一个顺服的人"）。有一次，我正在帮渔夫把一条条的鱼摊开、晒鱼干时，突然来了一阵非常罕见的雨。一两年才会下这么一次，我们都乐得淋成落汤鸡，可是，鱼干可就毁了。我提议要帮他善后，只听他说一句：我们必须接受神的旨意。

我还有别的惊奇——例如，奴隶制度依然存在。我以为威廉·威伯福斯（William Wilberforce）已经完全废除奴隶了。我又发现，整个沙特阿拉伯只有一小撮阿拉伯裔基督徒，他们只能"暗暗地作基督徒"，因为公开信仰的下场，就是被处以叛国的死罪。接受洗礼，等于签了死刑令。这样的行动，即被视为宣告：与原有的生活圈子永远决裂。

这的确提醒我，就好像新约圣经所教导的受洗意义。我以前一直有一种含糊的怀疑，把小婴孩的额头弄湿了，到底有什么意义和果效呢？但现在，这问题浮现了，非弄清楚这问题和答案不可。我从圣经中找到三十多处经文，提到有关受洗的事。我一一查考了，仿佛我的命就维系于此似的，后来也证明的确如此。我过去怎么都忽略了呢？最后，我获得三个重要的结论。第一，一定要浸在水中。希腊文 baptise 就是这样的意思，但是在翻译时，英文直接把字母借过来用了。第二，受洗的主体，必须是悔改的信徒，而且年龄足够大。第三，更是关键，按新约圣经的意思和洗礼的意义，"洗"乃是要洗去污秽，并当作死人埋葬，这显然无法应用在婴儿身上。我开始阅读与此主题相关的书，结论是：支持婴儿洗的神学论述，不过是推理上的合理化。

我在皇家空军服事时，还没有任何机会碰婴儿洗礼的问题，可是，现在我知道，只要我回到平民身份就一定会碰到这个难题。这事在想不到的情况下临到了。我现在被擢升为"中队长"，但还在三年的短期服役任内，之后有可能转为终身役。不过,1961年废除了国民兵役,这意味着不再需要那么多军牧了,短期服役单位于是第一个遭撤裁。我一点儿不难过,因为,我最有果效的服事就是在这群军人当中。他们服完两年兵役后,未来有很大的空间;长期的员工则比较难打开心门。我太太也为我感到高兴。一些长期军牧人员让她很排斥,比较多是行政人员,少数是牧师,她可不想我也变成"职业"军牧。

我也提前回到英国,因为病倒了,必须以"伤员"身份"空运撤离"回国。(这待遇不免令我觉得像个英雄!)太太和女儿则回到岳家,我们老二在那儿出生。出院后,我在叶兹伯里(Yatesbury)服完仅剩的几个月役期,离开后,这座军营就完全撤除了!这期间,我应征了几个教区,九月是卫理公会的牧师调动期。

南威尔士地区的主席,很希望我去朗达谷(Rhondda Valley)的汤尼潘帝中央教堂(Tonypandy Central Hall),乔治·托马斯(George Thomas)就是此地的会友,他后来成为英国下议院发言人,稍后还获封爵位。我告诉主席,凭良心讲,我无法再替婴儿施洗,他提议可由女执事代理。但是当卫理公会内部听闻此事,邀请就告终止,我也被要求出席接下来在布里斯托(Bristol)举行的年度纪律委员会。按规定,我要面对六位资深委员的询问,包括著名的旧约圣经学者诺曼·史耐斯(Norman Snaith),他曾写过一本书,书中说浸信会是惟一对洗礼拥有最一致观点的宗派。当我被问到受了谁的影响时,便提起他和另外一些人的名字，他竟然脸红了。这引起一阵大尴尬，面谈提早结束，从此再也不曾接到他们的回音。我猜，他们也不知道该怎么处置我，或许，也因为我的名字大家都知之甚详，家父是卫理公会总会的副主席。并且，我曾获得全国实习牧师的最优奖，我的纪录一向清白，除了这一件事。

这时候，所有牧师的"调派分发"都已定案，也由总会通过，只剩下少数教区尚未完全补满。我到最后一刻才被"下放"到其中一个教区。自此，我们的新家就搬到兰开夏郡（Lancashire）拉姆斯博滕（Ramsbotton）的艾丽莎（Eliza）街。这是威廉·布莱克（William Blake，译注：英国诗人）笔下的"黑色邪恶工厂"区，不过那时棉花产业已经开始走下坡。这个区对我而言完全是新领域，我还不知道自己能不能适应。

跟当地的卫理公会人士初次见面谈话，就有人告诉我，若是想要让教堂高朋满座，一定要记住三个P——甜派（pies）、豆子（peas）、哑剧（pantomimes）。食物和娱乐往往是最吸引人的。此外，所有教堂每年还有吸引群众的两件大事，那就是"讲道日"和"游行日"。这都要追溯到当时的"儿童主日学"功能还在。那时，一周六天都在工厂工作的儿童唯一受教育的时间是礼拜天。他们在礼拜天学习三R——读(reading)、写(writing)、算术(rithmetic)。但每年有一天要上宗教教育，听一次"讲道"。缺席这一次，意味开除会籍。公立学校接手周间的教育后，儿童主日学就只负责教导基督教课程了。不过，积习难改，群众还是习惯一年一度的"主日学"庆祝会，并称之为"讲道日"；只不过改成一季去一间教会。因此，那一日，该教会万头攒动，但过后就唱空城计了。"游行"原本是一年一度的主日学游行，后来演变成众教会都参与。

伯里（Bury）教区非常大，共有五位按立的牧师和多位"本地"的平信徒教师。当地有几间颇为宏伟、令人印象深刻的教堂，多半是卫斯理时期的风格，由卫理公会会友及富有的工厂老板所建。另一些小型、风格简朴的教堂，则多半是早期卫理公会会友以及工厂的工人所建。不过，就像棉花业一样，教会也日趋式微。有一间宏伟的哥特式"大教堂"，会友只剩不到二十人。我负责照管一间大的和一间小的，以及另一间向议会借用会议厅聚会的教会。

每周要同时向这么不同背景的人讲道，着实很苦恼，虽然可以少预备几篇讲章。我渴望像在皇家空军时，每周可以向同一批会众讲道。在我们住的牧师馆转角处，就是一间被炸毁的教堂，但地下室尚属完好；我们稍作整修，开设了一个周间晚上的圣经班，很快便结出果子。

有些人悔改信主了。有一对夫妇，当我告诉他们，我不为婴儿施洗时，他们简直吓呆了。我在那个小教会认识的一些年轻人很渴慕，直到今天仍然爱主，而那个大教会的人早就不知去向。不过，大多数的服事，都是在维持宗派的传统。我们必须遵循一本《卫理公会教会运作及纪律章程》。在我们那个时代，厚约一英寸，但现在已改为活页，方便每一年增添，如今已有三至四倍厚。就如我的一位同工所言："倘若大复兴临到各福音机构，卫理公会一定会让其他宗派望尘莫及。"我比较像在服事一个组织，而不是在服事一群人。"吾道不孤"，有别人和我一样有这种感觉。

芮汤姆及时对我发出邀请，这给我颇大的安慰。他计划在"加拿大自治领"（Dominion of Canada，这是加拿大独立之初，依据圣经的宣告为国家如此命名："主要执掌权柄，从这海直到那海"）办布道会。汤姆打算搭乘"皇家火车"从大西洋此岸旅行至太平洋彼岸，在各大都市举行布道会。他希望我能加入团队。我想请六个礼拜的无薪假，却遭到一口拒绝。

此时我已三十出头，要开始为前路作打算。有人会说，这就是常见的"中年危机"，但对我而言还不止于此。这到底是不是主的呼召呢？我要把余生投注于这种一站又一站、走马灯式的服事吗？这是我发挥神恩赐的最佳途径吗？

这一切，还有其他的问题，最后终于累积到一个程度，化为一个严重的问题。我到底是不是待在一个对的宗派？它是不是神要我继续待下去、作为其中一分子的基督肢体？我一开始就申请作卫理公会的传道人，因为我对其他的宗派事工毫无所知，现在，是不是到了该往别处去的时刻了？倘若是，又该何去何从？

我当初在利兹（Leeds）接受按牧时，必须承诺：一旦与宗派有不愉快的争执，应该"悄悄离去"；也就是要平心静气地辞职，不可小题大作、四处抗议、惊动别人。此刻，我决定这样做。我告诉妻子，这意味我将暂时失业，没有收入、没有栖身之处，而且要面临茫然的未来。她很快就回应我："我宁愿嫁给一个顺服神的男人。"

这扇门如何关起，另一扇门又如何开启？且待下回分解。

# 6
# 分水岭

在紧要关头改弦易辙,这正是我目前的写照!

常有人问我,为什么要离开卫理公会这英国最大的非国教宗派,又为什么加入浸信会这么小的宗派。这使我不得不省察自己这么做的理由和动机;每次的答案也不尽相同。人心诡诈,头脑善于辩护。但我觉得,我必须努力向人解释,证明这是我所跨出最有意义的一步。

最明显的因素便是:我对浸礼有了新的认识,正好与卫理公会的传统相反。同时,卫理公会却又源自英国国教系统,约翰·卫斯理受栽培于此,也封牧于此(有一位剑桥的教授敏锐地观察到,卫斯理就像一个人在划船——他的目光是朝向国教,只是,每一次的划桨都让他愈离愈远)。

如前所述,在我待过的最后一个教区,我其实已经不按章程行事了。我完全不为人施行婴儿洗礼,只是似乎没有人在乎,或根本就没注意。这时,我们已经有三个孩子,都只为他们施行"奉献"礼献给主,而不是为他们施行婴儿洗。但是,我也没有替成人施洗,因此,并没遵守基督要我们替人施洗、教导人作门徒的命令。

事实上，我自己都尚未受浸礼，不过这样讲，是没有把当年我还是小婴孩时，祖父替我施的洗算在内。

我想进一步为我个人的状况作补救。我问朋友可否替我施洗，他在本宁（Pennine）山再进去一点的一个小教会担任牧师。齐斯（Keith）欣然同意，我便按约前往。我永远不会忘记这少有的一幕，我直接从主领受一个"异象"。当我步入水中，我注意到受洗池的边壁还有一点点青苔。突然间，眼前的池子、会众和建筑都不见了，我人在约旦河，看见耶稣排在我前面，祂也在受洗。我紧随其后，跟随祂的喜乐和荣幸席卷着我。我明白了，在浸礼中，祂认同需要被洁净的我们，而我们也等同于全然无瑕疵的祂了。这样的认知，为祂被钉十字架带来更新的启发；祂这样被钉，也称为一种"受洗"。祂为我而被杀害、被埋葬，又复活。如今，我与祂同死、同埋、同复活。关于我受洗的问题，到此终于解决了。

不过，在此还有一个更严重的潜在问题。我对受洗的观点之所以会改变，是因为圣经的缘故。但若要让圣经作为断事的准则，我还得在一切与信仰和言行相关的事上，采取同样的原则。如今，我成了"高举圣经"的人了，别人也开始给我贴标签，封我是"保守派"，专与"自由派"对立。这是指：我接受新旧约圣经乃是受圣灵感动，具有权威，是神的道，也是神的话语。教区的团队中，只有另一位牧师和我有相同的信念。哈利（Harry）和我愈来愈孤单了。

## 分水岭

在一次传道人每季的聚会中,问题终于浮上台面。那时,所有的传道人和(平信徒)教师都聚在一起,藉着填写一份远至卫斯理时期的教义问卷来检讨各自的活动。头一个问题总是:"所有的传道人都相信,并按我们宗派的教义传道吗?"主席总是未经进一步讨论,就写下一成不变的答案"是的"。那一次,问题提出时,我就喊了"不是",终于出现不一样的情景。有一位担任领袖的信徒,他是教区的干事之一,平日我巡回教区讲道时会跟着我跑。他在当地的刊物上登了一篇文章:"新灯换旧灯——基要主义的魔力"。他在文中否定任何人有可能"重生",因为人性无法更改。大家的注意力都聚焦于此,不免引发唇舌之战。最后,停在一个人的提问上:"到底卫斯理的教义是什么?"我说,"卫斯理本人显然曾列出救恩的基要真理,他坚持,所有卫理公会传道人都必须忠心教导这些真理。"于是,我便受托要写出一篇涵盖这些基要真理的"报告",在下次季会时提出。我搜寻了卫斯理的著作,汇集他引用过的所有"基本"教义,这也是他相信神兴起卫理宗的原因;例如"确据",以及最重要的"圣洁"(他定义为"完全的爱")。

三个月后,我传讲了这样的信息,结果引发一场暴动。他们一个接一个地说,倘若必须如此传道,那么宁愿辞职不干。总监吓坏了,他原就饱尝"每季拟定讲道表,要找到足够传道人"的痛苦滋味(因为"代班先生"这字眼出现太频繁了;它意味着该堂会要自己设法找到主日讲员)。他现在看到情势紧迫，赶紧休会说，他私下再跟我讨论。后来他找我谈时，拜托我不要再加重这个事态，免得造成分裂，叫他难以收拾。我同意了，但我也左右为难，从此我得忍受无法同负一轭的苦了。

到此地步，我已明白，在我们教区中的紧张局面并不算是独特的，不过呈现了整个宗派的趋势。我也碰到其他陷在同样困境中的人，看见教会普遍偏离了那基要真理的根基，为此而痛心沮丧。我们的影响力，早已被教区的体制抵消掉了。

因此，我对圣经的观点，比我对浸礼的观点，更驱使我和卫理公会分道扬镳。卫理公会从那时起就急速转向自由派，着重于社会性与政治性的"福音"。说真的，我至今仍感谢主，催促我离开。我当时只觉得是脱离挫败和孤立的苦海，并没料到，余生会被引向一条硕果丰盈、服事机会更多的路。

如今回顾，我可以看出，在卫理公会的那段岁月，是恩主为祂的事工而锻练我、预备我的时刻，虽然这些事工并不是在那个环境中成形。我比同龄的年轻牧师，都经历过更多的教会和不同的服事形态。我觉得自己比谁都更蒙神恩宠。或许是因为我的名字，我们家族在这个宗派中的地位，但更主要的，恐怕是我们家族的座右铭："神所恩宠的。"

这让我想到使我转换跑道的另一个可能动机。不过，因为是心理因素，我很难判断它究竟占了多少分量。然而，它的确有影响，虽然不是最主要的影响。长话短说，"鲍森"这名字，既有加分作用，也有减分的力道。因为家父是卫理公会总会的副主席，我无可奈何地要活在他的阴影之下。我被期待，要活得"虎父无犬子"，承继家族的传统，那可得溯至卫斯理本人的时代。有时候，这实在很痛苦，因为我无法活得像自己，而别人又无法接受真实的我。代代相传，无法代代成功。直到我离开卫理公会后，我才知道，家父和桑士德博士一直在为一件事祷告：总有一天，大卫·鲍森要接下总会主席的棒子！当我让父亲的梦破灭时，他从未向我表达过一次他的失望。那个位置，后来就由我父亲的一个"福音的儿子"（他都这样称呼他们）唐诺·殷格里（Donald English）担任。

在浸信会的圈子内，我是无名小卒。我还记得，第一次参加每年一度的浸信会联会时，对每个人都很陌生。一开始未免觉得孤单，但不久这感觉就消失了，我很快就找到志同道合的朋友，而且最重要的是，找到了自我以及服事的位置。能再度寻回自我，我大大松了一口气。

以下三个影响我作决定的因素：我对浸礼的信念，我对圣经的委身以及我的家族传承，哪一项占最大的百分比？就留给读者自己判断了。当然，每一项都有它的分量，重点是，我从来不曾后悔过或质疑过这样的离去。倘若我不作这样的改变，读者很可能今天就读不到这本回忆录，我也没什么回忆录可写了。

是谁说过每个人一生至少都应该改换一个宗派，他们才会知道，他们是因信念而活，不是因传统而活。我那时早已习惯被称为所谓的"好卫理公会会友"，现在，则是处处耳闻"好浸信会会友"；结论便是：原来都是为了拥护宗派的传承。若按此标准来看，那么，我既然不曾是卫理公会的乖乖牌，也就不会是浸信会的乖乖牌啰！

那么，我为什么要加入浸信会宗派呢？理由很简单，因为在此我可以按着圣经的教导，传讲、实践浸礼的方式。我曾经考虑过"基督教会"（Church of Christ）这宗派，因为他们教导浸礼的意义，像是施行浸礼的独特性，比许多浸信会的方式更接近我的理念。后者，有些人似乎认为，浸礼不过是"湿答答的见证"；一个顺服的举动；一个象征，而不是一个圣礼；一个人为的仪式，而不是神的作为；一个对未受浸者的见证，而不是对受浸者施恩的途径。按我对新约圣经的理解，我认为，浸礼是洁净污秽之人并埋葬死去之人，仪式会影响所象征的。但是，"基督教会"是个太小而薄弱的群体，前景堪忧，几乎是绝路。

也有人建议我去英国圣公会（Church of England），它的福音派正在逐渐茁壮。但光是我对浸礼的观点，就不用考虑了，遑论圣公会内的阶级制度或政治化的组织架构，完全模糊了教会与世俗的分野；我也看不出在这两方面它有什么圣经标准。我听说，它的祈祷书允许洗礼采用浸礼方式，甚至优先于婴儿洗礼。但曾受过婴儿洗的信徒，若再"重浸",则绝对禁止,因为,这样等于否定了前述礼仪的功效,也否定了之前施行礼仪者的权柄。

查考新约圣经,使我对"教会"的观点,也有具体的看法。教会的会藉,只能限于信徒,界线以"浸礼"为标识。"教会"这词既有普世的应用,也指在地的堂会,但连结这二者时,绝对不分阶级(我相信,"阶级观念"源自罗马帝国)。对我而言,关于各地堂会的独立性与总会的超越性,浸信会的做法最为均衡恰当。

因此,我便加入了浸信会。到此为止,我说的都是我为何作此改变。现在,我要告诉你我如何完成,这也是故事不可或缺的一部分。

第一步,先向卫理公会当局递交辞呈。我接到通知,必须亲自与主席面谈,解释辞职的原因。他正要来视察我们的教区(博尔顿〔Bolton〕及罗奇代尔〔Rochdale〕)并向牧师们演讲,之后,就要接见我。那年的主席,是一位性情温和、会抽烟斗的政治、社会事务专家,对共产主义尤其在行,他曾写过这方面的专文。那天他演讲的主旨是:卫理公会已经走到一个叉路口,面临认同的危机,是要重回国教的怀抱呢,还是成为一个真正的自由教会?在接受发问时,他碰到的第一个问题便是:"你会建议我们都成为浸信会会友吗?"他的眼光立刻转向我,对我眨眼!当我们私下会晤时,他趁机抽着烟斗,然后说:"我想,你大概很难挽回了?"我回答:"很难了,先生,你早上都已经说得很清楚了。"他又说了一句，"失去你，我们感到很遗憾，祝你一切顺利！"热烈握别后，我们的会谈就结束了。几天后，我接到一张 120 英镑的支票，这是历年来由他们预先提存的劳退金。他们也通知我离职生效的日期。

我去拜访浸信会在曼彻斯特的"区监督"，他很亲切地接待我。其实我不是转入浸信会的第一个卫理公会牧师。他向我解释这两个宗派主要的相异点，特别的是，"联会"虽然对牧师有"认证"及推荐权，但不能指派牧师。我必须自己先去找一间愿意发聘的浸信堂会，这对我会是个难题，因为我在浸信会圈内是无名小卒，甚至还不是浸信会的会友。离开时，有点儿不知该何去何从。

但是主早就胜券在握，并且以最出人意表的方式安排妥当。当我还在亚丁城担任皇家空军的军牧时，有一次，突然遇见一位圣经公会的区代表艾希里（Lynn Ashley），他当时正从埃塞俄比亚（Ethiopia）的基地来访。他是浸信会的牧师，之前也是皇家空军的军牧。我带他回家吃便饭时，我太太非常热烈地跟他打招呼，原来两人是旧识！她从少女时期就参加在艾希里家举办的圣经公会家庭聚会。我们后来也去了亚的斯亚贝巴（Addis Ababa）拜访他，并且由他替我们第一个孩子黛博拉（Deborah）举行奉献礼。那是在英国驻意大利大使馆的一个团契聚会中进行的（自从墨索里尼入侵埃塞俄比亚后，国名就被迫改为阿比西尼亚〔Abyssinia〕）。

艾希里牧师现在成了我天路历程中的贵人。我不太清楚他到底怎么知道我想成为浸信会牧师的，不过，他把这讯息告诉他一个亲近的阿姨。她正是白金汉郡一间浸信会的会友，这间教会正缺一名牧师，还在找人。教会位于一个名为查尔枫圣彼得（Chalfont St Peter）的小村落，靠近称为"金丘"（Gold Hill）的一块公有地，教会也以此地点为名。我从来不曾听过这地名，更不曾到过那附近。

我便在一个周末受邀去作"讲道面试"，并和教会领袖及会友晤谈。教会秘书法兰克（Frank）接待我去他们家，那是他和妻子亲手建造的房子。他曾是飞机设计师，后来在英国最大的直升机公司菲尔利（Fairey Rotodyne）工作，是非常务实又属灵的人，甚得我心。周六晚，我尚未看过教会、尚未见到任何会友时，我就已十分笃定，这是主为我选定的地点；虽然，后来还是经过几番波折，一切才尘埃落定。

我拜访后不到一个星期，会友的不具名投票就已确定要邀请我去担任牧师。不料，邀请一送出，几乎同时间就又取消。浸信会联会介入，告诉教会说，教堂建物的信托契约曾限定，他们不可自己作"牧师资格认证"。因此，对我的邀请必须撤销。教会对我百般致歉，因为我们彼此间的期待破灭了。我告诉妻子，主既然要我们去，最终一定会成就。这时，我们听说教会已邀了另一位牧者去牧养他们，而他也答应了。我还是告诉妻子，我们一定会去成。为了移开最初的障碍，我向浸信会申请牧师的"资格认证"。我专程赶到伦敦,与"牧师认证委员会"面谈,只被问到一个问题,我听到这问题时不禁想笑:"过去,你身为卫理公会的牧师,你每一季只需要准备几篇讲章,就可在教区内四处游走;现在,你觉得有把握在同一间教会中,每周生出两篇讲章来吗?"这不正是我梦寐以求的事吗?但我努力板着脸孔说,我想,我应该可以的!我终于获得认证,但已经来不及去金丘教会了。然而,原先受邀也已答应要去的那位牧师,不知何故,竟又改变心意、撤销承诺。教会又缺牧师了,于是,我又成为人选。再度获邀,我也欣然接受。我要求看他们的信托契约,发现根本没有什么规条限定他们不能发出牧师认证。这一切,最好的状况就是有人误会而作了错误的假设,最坏的就是有人故弄玄虚。这是与浸信会的联会官僚不幸的第一回合过招。

  一个全新的阶段由此展开。虽然我在卫理公会曾经服事过许多不同形态的教会,但我在浸信会只服事过两间教会。我与这些教会的关系,相较于先前的经验,真是截然不同。这两间教会,各需要一章来叙述。

# 7
# 查尔枫圣彼得

我那年抵达白金汉郡（Buckinghamshire）时，它还只是个小村落，除了教区的教堂以及路边一排商店外，还有浸信会的教堂，俯瞰着金丘的原野。墓地也分成两部分，一部分是分别为圣的，归圣公会专用，另外未分别为圣的则归其他人使用，从浸信会会友到自杀死亡的人都在内。当时还有一间打铁铺。除了浸信会"长执会"中的一位执事之外，所有的人都是长年住在那儿的住户。不过，我在那里七年的期间，这情况已经逐渐改变，部分是因为邻近的社区之故。

不到一英里外的格拉茨克洛斯（Gerrards Cross），是个郊区的通勤地带，沿着通往伦敦帕丁顿（Paddington）火车站的铁道路线发展而成。这里是企业界大亨及电影明星的住宅区。教区教堂的建筑则是一种混合式的建筑，由两位富有的姐妹各出资一半，盖出符合自己品味的风格而成。

有不少在这些"豪宅"区作家务管理的人，会把邻近的浸信会视为自己属灵的家，因为这里的乡村风格让人舒服自在，不少人还拥有会籍。但我在任的期间，这村落也已经扩展成为通勤地带了，乡村风转变成都市风，这可从会友中看出；教会对此也必须调整适应。不过，这样的改变，从未造成紧张的局势。

教会的建筑属于上一世纪的风格，砖造，近乎正方形，有很高的包厢、很低的讲台，彼此不太相称。随着外来人口及内部会友的增加，我们很快就得修改，把讲台垫高，包厢增加阶梯，以提高空间的利用。同时，把包厢前沿和底下的暗色木头遮起来。我花了好几天自己贴塑胶板。至少，内部看起来有像是 20 世纪的风格了。

数十年前，村中的铁器商就有一个异象，未来，教堂会坐到人满为患，需要更大的场所。据此，他不断说服教会，要购买教堂两边的四间木屋以及后面的两幢，包括其中的花园。我们渐渐看到他的异象成真，当一边的四间住屋空出时，我们便拆掉，使教堂得以扩建。

甚至在此之前，他们就已在一个废弃的花园中，替牧师盖了一幢由建筑师设计的房子；土壤特别肥沃，因为之前有好几代人用来作为厕所。我们是第一任住进这房子的人，因此可以选我们自己喜欢的家具和装饰。那时，我们已有三个孩子，还有一个德国女孩，跟我们"交换服务"，帮忙家务、学英文。因此，我们住满了四间卧房，感觉这是我们第一个真正的家。

"就职"礼拜似乎更像一场婚礼，会后有餐点。不像卫理公会的传道人流动快速，好像是暂时的约聘人员；浸信会这些可爱的会友，期望我们永久留任。我们彼此间有一种相互委身的珍惜，预告着美好的未来。着眼卫理公会和浸信会在治理教会的制度上，根本就南辕北辙。

每间浸信会堂会都是独立自主的，自己运作堂内事务，相信能直接向教会的头——主耶稣基督负责，也受祂在地上的代表——圣灵所引导。浸信会没有阶级制度（我称之为"更高的统治者"），不论是联会或本地堂会。所有的信徒皆祭司，既传道也实践。教会的运作、重大事务都是由定期聚会的"会友"大会决定。这可以保护教会在受到诽谤法的威胁时，确保有"公开"的会友在场，特别有助于处理纪律问题。至于每日的运作就由牧师主持，长执会则协调相关事务。

所有的制度，都可能被滥用。最差的结局，就如你从民主社会所见到的"投票制度"，有人会发动游说来影响，或藉着会籍控制事工、以下克上等等。许多牧师因此而感到挫败，甚至因会友的对抗而崩溃。也有教会因形成"党派"，彼此较劲而分裂。

至于好的方面，我相信它是最接近新约圣经的制度，也是真正的神治（由神来治理的）。当领袖们蒙神带领，一同寻求基督的心意，那就需要彼此都"在圣灵里"。有人轻看这个制度，认为太理想化。在一个堕落的世界，人有罪性，或至少在一群还不完全的信徒中，不切实际。但是既然已被称为"圣徒"，我们就应当活出这样的呼召；我们之间的团契，也应该朝这个目标努力，况且恩典就在我们当中，供我们支取。总是会有些人，一心只求自己的意见，而不是基督的心意。究竟他们能不能左右大家的决议，那就取决于会众的水平了，其次，也反映出会众受到怎样的喂养与服事。这时候，领导者的风格就是一个关键因素了。领袖是会受到群起效尤的，但并不是所有的牧者都是一等的领袖；一个差劲的领袖，会很快就与会友甚至执事起争执，在会友大会中，因意见不同而与人产生摩擦。

这个制度也真的有弱点。"执事会"在英国被称作diaconate，负责处理教会的例行事务，不论在属灵、实质、财务上或是团契小组。这不免会有两种难以避免的倾向：行政部门凌驾一切议程，或按事业能力来遴选执事。两种倾向，都会让执事变得只维持现状，而让牧师自己去推动属灵事工。在极端的例子中，就产生民主制度下的独裁，最后不免会造成彼此的挫败感和分离。

我很快就意识到执事会普遍有这种异常的状况，便决心要去除这种状况。既然浸信会从一开始就诉求要坚守圣经对浸礼的教导，而主张与不同观点的人分道扬镳，因此，他们对别的议题主张也都会保持开放的态度，只要是合乎圣经的论述。新约时代的教会，明显区分属灵的需要和事务性的需要，分别指派长老去"督导"前者，执事去"服事"后者，不过，两者都需要属灵的质量，两者也都是在服事同一个身体；这样的区分，纯粹只是因为运作上的必要。

我先开始教导相关经文，这花了好几个礼拜。接着，在会友大会中，让大家开放讨论。大家都愿意有所改变，超乎预期。他们也希望由我来遴选第一批长老，但我拒绝了。羊群不会跟随它们不认识的牧人啊。不应该是由好几个人来竞争同一个职位，我要求，被提名者至少要获得五分之四的"信任投票"。因此，那些蒙拣选而不是竞选出来的人，就是我会选择的长老。

很重要的，还需要解散"执事会"这个团体。两个"行政领袖"的架构（译注：指牧师和执事会的双头马车），很快就会发现议程重叠。今后，我们由不同的执事来负责不同领域的需要——财务、建物、餐点、音乐等等，每一组都是一个团队，需要时会有数个帮手，所有的人都要向督导的长老问责。这制度运作得非常好，主要是因为这么一来，属灵的领导权比较是集体的，而非落在个人手中。改变也要来自会友，因为需要他们的认同、合作。但因为是由值得信任的联合团队及受信赖的领袖们所提出，因此，就更容易被接纳。平日熟悉的反对理由："我们以前都不是这样做的，所以这行不通。"以及，"我们以前就做过了，这没用的。"等等说法，就销声匿迹了。我提议在"我可以看出有个……"这句子里，大家填入"机会"一词，而不用"难题"一词。因此，在会友的聚会中，逐渐出现冒险一试、翘首以待的气氛。"接下来，主会引导我们做什么呢？"直到今天，妻子仍说，比起任何事物，她更怀念那时的聚会，有一种让绝大多数浸信会友都眼睛为之一亮的氛围！

最激进的改变，便是我提出一个提案，承诺只实验六个月：届时若大家觉得不好，我们就恢复旧的方式。结果，没半个人想回到老路子。

　　这提案就是关于主日崇拜的程序，改成把主的道放在敬拜之前。这是耶稣采用的方式，至今，在犹太会堂也还是如此实行。这是初代教会的程序。我们从使徒行传得知，当时门徒的教导是先于祷告，这也可从初代基督教文献《十二使徒遗训》（*Didache*）的完整叙述中，获得确认。既合逻辑，也合神学，就是：先聆听主的话语，才懂得如何正确地与祂交谈。谁敢贸然跑到国王面前，主动选自己喜欢的话题与他交谈呢？更何况是来到万王之王面前，岂不更该由祂先开口？

　　会众来到教会时，几乎都还没预备好心来敬拜，大约要等二十分钟过后，才会从自己或他人身上，转眼定睛在神身上，这才是真正敬拜的开始。但是，倘若他们先聆听朗读的经文，之后讲员再加以实际且适切地解说，他们就可以用心灵诚实作出回应，而不是用最后一首诗歌来结束聚会。敬拜的气氛有很多种，有时肃穆，有时热烈，就看主说了什么话语。当然，也需要讲员和领会在被圣灵引导下临场应变。那段时期，我两者兼任，但也让会众参与，无论是先作预备或是临时的。

　　孩童也像大人一样受益。他们一到教会，就直接先参加他们自己的聚会，我们称之为"分龄圣经班"。他们一开始并不出来参加崇拜，而是稍后再回来。那时，他们的父母已经真正地进入敬拜，气氛比先前热烈许多。我十分关切日益增多的主日学老师的素质，因此，每周四晚上我会跟他们聚集，在他们预备分龄班的教材前，先把下个主日的成人查经课程给他们。教师需要先受教。我的教材在发给成人查考之前，可以先有"彩排"的机会。我事先已花时间备课，因为有太多人以为我只是一名讲道者，并且以为，人数成长的会众不过是讲员的粉丝俱乐部。其实，我首先且最重要的是作一个牧者，要努力建造一个坚固的地方教会，能在邻近地区成为盐和光。有些成熟的基督徒，不远千里来参加我们的崇拜，会感到吃惊甚至被冒犯，因为我回绝了他们的入会申请。我的原则是，距离教会愈远，你的领受可能愈多，但如果只在礼拜天和其他的会友碰面，你能投入参与的相对就少。

这段时间，另一个重要的成长是设立"磐石之屋"（Rock House）。我们考虑到年长及一些无法自理的会友需要，当时在马路对面，有两间非常大的维多利亚时期半独立房舍，并且有个大花园。我们的牙医住其中一幢，但他决定搬出；因此，我们又接洽另一幢，发现他们也希望出让。长老们以及一些会友为此祷告，各自"开出"相同的价码：27000英镑（60年代的钱）。这价钱对方同意了。我那时因感冒不适好几天，还一面在规划客卧两用的房间。经过扩建修改，终于由机油大亨的遗孀贝特（Petter）夫人剪彩启用，她那时已是九旬高龄的基督徒；

她曾在南丁格尔病危时担任看护，并在她临终前为她唱圣诗。后来，又增建了一些小公寓，给一些只要有人照护仍可自理的长者居住，以及一所安养院，附有八个病床的安宁照护。自此，便能提供三阶段的完整照护。

在这七年半的时光，我还有许多逸事可说。我们实在很喜欢他们，也很喜欢这地方。我们的三个孩子，是在这里开始上学的，那是一所乡村小学，有非常棒的教职员。其中一位老师成了我们一家的好朋友，数十年后，女校长还来参加我在诺丁罕郡（Nottinghamshire）的聚会。我还必须提到教会的另一位会友，我们那头名为翠西（Trixie）、果酱色的边境牧羊犬，当我在读保罗致腓立比人书信："防备犬类"时，它正好跳到教堂的走道上。我并没有作视觉教材设计，虽然，我大可以作这种安排。有一回，我在教堂外面的布告栏，放上一张巨幅的红色海报，写着"小心——神在做工！"。每辆路过公交车的乘客看了，都有不同的反应。但有一个当地作装潢的，他正按着合约要来漆教堂的木造外墙。他坚持不肯爬上梯子，因为完全看得见对街转角一家酒吧的醉汉们……除非我们先把那张海报移除。我的性格里面就是有一种调皮的成分，有时不免会影响我蒙召的严肃性！

我以为我们会定居在那儿很多年，结果不然。当主清楚向我显明，祂要我往别处去时（后文会再详述），我一想到要离开，整颗心都碎了。我跑到附近的森林去，像个小婴孩般大哭一场。直到如今执笔想起，仍然是热泪盈眶。

我问主，要"印证"我的离去，祂必须"立刻"供应一位继任者。有一位长老去苏格兰度假时，住在东岸他父母的家。他去拜访一位年长的圣徒时，顺口问起是否认识苏格兰有哪位合适的人选。对方仔细询问我们教会的过往、现况以及未来可能的发展后，回答："在苏格兰，我相信只有一个人足堪胜任，他就是在邓弗姆林（Dunfermline）的吉姆·格兰(Jim Graham)。"长老回到家后，就鼓励我打电话给这人，看他有没有意愿考虑。我觉得有点无奈，主要是顾虑教会比顾虑自己来得多，但他赢了。终于，我在某个礼拜一晚上打电话给这个完全陌生的人，很突兀地说："我是在英格兰的一位牧师。我不认识你，你也不认识我，可是，你是否愿意南下，来接任我的牧职？"对方停顿很久，然后没有任何评论或提问，就回答"好"，并解释说，几天前，主就已告诉他，等着有人打这样的一个电话来。我后来才跟他碰面，彼此成了朋友。他先来教会拜访。我离开后几天内，他就接到教会一致通过的邀请，接任我的位置，这应该算是最平顺的交接吧。再没有比他更合适的继任者了。他一开始不免要在我的阴影中辛苦摸索，但很快就稳定走出自己的风格，直到今天。他的任期比我长八倍，但也像我一样，"退休"时，完成了更大的事奉。他接任后不久，好多年前曾经把我提名给教会的那位年长小妇人，竟来信说："你离开后，教会比你在任时更好。"我相信她一定没想过，她这么写，会带给人家什么感受呢！

继续说我的故事之前,我要提到我后来的生命和服事中的三个部分。这是我到了白金汉郡后才开始的,每个部分都要用一章的篇幅。

其中两个是全新的发展,都与20世纪60年代、教会外的发展相关。第一部分是:我成了后来大家所熟悉"灵恩更新"运动早期的参与者。第二,我开始明白,神对以色列的百姓和土地,在现今和未来的旨意。

第三部分,与我多年一直从事的工作相关。那就是我的讲道,无论在风格或内容、预备或传讲上都更为成熟。每周三次运用恩赐的机会,我将之归类为"教导"(因为它多半用于圣徒的建造,而非向罪人布道),帮助我操练如俗语所说的"熟能生巧",不过,至今我也还在学习中。

由于最后这一项我最为熟稔,因此就从这一项先开始吧。

# 8
# 讲道的丰富之地

我想，相较于其他任何事物，我应该会以"讲员"的身份而留名。说真的，当陌生人问我赖以为生的工作是什么时，我通常都回答"我是个讲员"。这样的回答，多半也会让对话招来一段很尴尬的停顿；发问者，可能这时都会想起某些与教会有关的远房亲戚或遥远的记忆吧。

当然，我投注于讲道的时间、精力和专注力，都多过其他事物。就某种实质意义来说，讲道就是我的生命。回顾之余，我甚至可以从中看出我是如何成长的，无论是内容、预备或传讲的方式（英文版编按：大卫·鲍森后来出版一本书，名为《传讲神的道》〔*Preach the Word!*，暂译〕，分享他在漫长的传道生涯中累积的真知灼见，收录了他 2003、2004 年在伦敦威斯敏斯特教堂开设的"传道人研习会"内容）。

我第一次的尝试，可说惨不忍睹。听众共有三个，家母和我的两个姐妹。家父外出，我们四人因故无法去教会参加主日崇拜，因此改在家中举行。我"自告奋勇"担任讲员。我的讲桌就是一把手扶椅，掉个头即成。我选了"招募葡萄园工人"那个比喻为题。

一开始，我先读这段经文，接着以自己的话叙述一遍。然后，第三次是就着经文分享我从这段叙述中学到的功课。这时，我的其中一个姐妹，以恼怒的口吻打断我说"那座葡萄园还没满吗？"崇拜气氛整个垮了，大家笑成一团，讲道也提早结束。她的这句插话日后成为家人的密码，意指沉闷的讲道。

我不记得在家中是否有再次试讲，此次讲道却以先知性的方式预告了我的未来。这个比喻后来成为我最喜欢的一个讲题，常常用它来传讲神怜悯的信息，它也比任何的比喻达到更多成效。此外，重点是，我要"阐释"一段经文的含义，而不是只有一节经文；这是我后来养成的习惯。

第一次在教会讲道，对我是颇大的冲击，会众也很吃惊。有一次，我的朋友杰克（Jack），那位悔改归信的书籍装订工，本来是要在德罕郡斯彭尼穆尔（Spennymoor）卫理公会的晚崇拜讲道。我先是在他家喝茶，然后同他一起上了公交车。当我问他晚上要讲什么时，他回答，"是你要讲道啊，我领会。"我全身发抖，分享了自己的见证，引用所有记得的经文，再总结整个的神学——总共用掉整整七分钟；这项成就，我后来再也做不到（现在，我平均一场讲道要用六十至一百分钟）。

前文已叙述过，在卫理公会体系中，我如何操练讲道。我很感激有那一段经历，这是来自（也很诧异）会众对我的极大忍耐和包容。若不是他们一贯如此顺服，恐怕早就要拿石头丢我了。但是，这段时期所得的经验，有两个因素带来的限制。

第一，普遍的做法是，传讲一处经文（只有一节），或传讲一个主题（数节经文）。这么做，就有许多经文会脱离上下文脉，变成讲员的钩子，随意挂上讲员自己的想法，再赋予它圣经的权威，狐假虎威一番。我早期的讲道，就是用这种方式、犯这种错误，利用（滥用？）经文来支持我自己想说的东西。

第二，缺乏连贯性。每一篇讲道必须各方面都完备，因为，要在同一"教区"的各个堂会巡回传讲。即使是全职的传道人，主日的崇拜也没有足够机会传讲系列的信息，遑论系列的解经了。

后来在英国皇家空军作军牧，只负责空军团契，那时情况就开始改变了。当我成为浸信会牧师，每个礼拜都向同一批会众讲两次道，历练就更看得出果效。在查尔枫圣彼得教会时，我的讲道才真正定型、趋向成熟。在模塑讲员的这件事上，会众扮演了沉默但却重要的角色。因此，我十分感激那地的会众，尤其是他们在聚会后对我说的诚挚评语。

也是在这里，我找到自己的呼召所在——成为一位圣经教师。我决心要传讲圣经中的整卷书，大概一次一章。倘若那个系列超过十二次的讲道，就会休息暂停，让脑子转换一下。我开始每一卷书时，会先提出鸟瞰及背景介绍，激起大家的胃口。结束一卷书时，再向主祷告，引导我预备教会需要的下一卷。答案都是来自台下的听众。例如，总会有两三人说："你何时要开始查申命记呢？"

我也下决心，要像讲整本书一样地教导整本圣经。我计划用十年的时间完成。只有认识整本圣经，才会对神以及祂的爱有完整的认识。有太多人对神的认识，只是自己想出来的形像，心理上的偶像，以高度选择性的方式挑出经文，只专注在自己喜欢的属性（例如，神的爱和祝福）而忽视自己不喜欢的属性（祂所恨恶及咒诅的）。以情感的角度来看神，会和按经文真正的意思认识神很不一样。甚至，我们若只从福音书认识耶稣，而忽视启示录七封信中祂的自我描述，也都会有所缺失。我的抱负一直就是：传讲真理，完整的真理；除了真理，不讲别的。

我的听众有一种错误印象，以为我对整本圣经熟透了，因此在讲道时可以倒背如流。事实正好相反。我只不过比大家多熟悉一章罢了。我一直坚持说，教师需要具备两种资格——第一，比学生多走一步；第二，本身愿意受教；后者会促成前者。"愿意学"这条件，要先于"愿意教"。

讲道就像烹饪，预备的时间要长于供餐的时间，而两者都会带来满足感，因喂饱了饥饿的胃。两者也都需要具备"易消化"及"均衡"的特质，倘若备有开胃小菜，客人就更想吃了。

## 讲道的丰富之地

这一切，都需要花时间。我把这部分放在第一优先。我发现，讲台上五分钟的讲章，我需要在书房预备一个小时。按我的经验，从来没有捷径可循。一篇有效讲道所流的汗水，与需要的灵感一样多。请跟我到书房来，看看我怎么预备。

先向圣灵祷告，求祂光照我。之后，我先打开我的圣经，旁边一叠白纸——其他什么都没有。我要尽可能地生产自己的东西，先不要参考别人的资料。我把要讲解的经文反复地一读再读、三读、四读，随手写下东一堆、西一堆，片段浮出的思想，写满一页又一页的纸。然后，再试着分析这段经文，写出结构性的大纲，并且标出主标、次标和小标等段落（例如：A. 1. a. i.)。这可以帮助我更清楚看出，这段经文叙事或辩证的思路与走向。我也常常想在标题上押头韵（音节押韵，或头尾使用同样的字词）。据说，这是笨蛋、诗人和普立茅斯弟兄会的专长。我一直不是弟兄会的，也希望自己不是笨蛋，不过，倒是希望自己能有一点诗人的气质。这些花样，可以勉强拼凑出来，有时略嫌匠气；例如，经典的浪子的故事，就是个例子：

A. 他的愚蠢
   1. 怪罪别人
   2. 离家出走
   3. 花天酒地

B. 他的悲伤
　　1. 落魄潦倒
　　2. 床头金尽
　　3. 与猪抢食
C. 他的快乐
　　1. 喜获金戒
　　2. 大啖牛排
　　3. 欢天喜地

　　不过我的经验是，倘若运用得当又切合经文的话，可以产生三种功能。第一，带给我极大的满足，让我觉得自己充分掌握了这段经文。第二，帮助我记得住大纲，比较不必一直看讲桌上的讲稿。第三，我把大纲给听众，写在黑板上，投在屏幕上，或印成讲义发给大家，他们似乎更容易跟得上（或者可以估计，我究竟还要讲多久！）。

　　大纲全部拟妥，也把自己杂乱的思路分别整理好，归到合适的架构之后，再来开始看其他人的参考书。主要是一些注释书，以便确认自己的看法是不是都正确。我从来不搜集别人的讲道集或书籍，避免窃取别人的东西、使用别人的纲要甚至例子。通常，注释书的观点会与我的一致，也常常带给我新的启发，这时我便可以加入；但偶尔，注释书也会漏掉一些我的私房心得，对此，我就会更加审慎地检视。一旦对自己的东西十分有把握，我就会采用，算是为自己也为我的听众，带来独门见解的快乐。人通常只有在私下查考时，才能体会到这种乐趣。我也常常自己重新翻译、或意译某段经文，这是测试自己是否真正理解一段经文的好方法。摘要出某个句子的主题或主旨，也是一种方法。

遇上较有争议的经文，也就是注释家的观点或注解彼此差异悬殊时，我已习惯这么做：把各家观点告诉听众，再加上我的观点；但为了不让听众对我的讲法感到疑惑，我会加上自己选择这观点的理由。

最后的步骤才是，放进一些趣事、信息及指示。我把这些视为食物的沾酱、调味，让它变得可口。引人入胜的前言，一定要能迅速导入正题（是谁说的："你若不能在两分钟内掘到油，那就少啰嗦了"？乔治·杰西尔〔George Jessell〕、马克·吐温〔Mark Twain〕及奥斯卡·王尔德〔Oscar Wilde〕都具备这样的功力！），实用的结论就是：你期望他们付诸实践的东西，要把它说清楚。好的例子，要既有趣、又能点醒梦中人，最好是发生在日常生活中或最近的事件。

传讲"好消息"的讲员若讲得索然无味，那真是罪过一桩。我发现，吸引听众注意力的诀窍是："速度。"我不是指讲话的速度，而是指思想的快速移动。有人分析过我的一些讲章发现，每一篇平均有超过七十个不同的概念在其中。我不在意听众是否都能记住所有的点。某句话对某个人，可能就是主要赐给他的生命之道，对另一个人可能是另一句。讲章中多一点关于神的概念，就更可能对更多人说话。不断解释某一个单独的观点，是失去听众注意力的最快方式，但我并不是要否定修辞学中"反复述说"的功能。当我们的思想不活跃，身体就活跃了。坐立难安正是一个警讯！我会推断，如果我无法吸引一个十二岁的男孩听我讲道，并且让他给我"按个赞"，那我就算失败。

总之，我预备讲章的两个目标就是：找出经文的真义，使经文与听众有切身的关联。要查考经文的真义，就必须回到从前，让会众好像真的"活在"那个时代。这意味着把焦点放在：神究竟对什么样的人，作了什么样的启示？那是怎样的情境，是悲是喜呢？神在对谁说话，神在做什么事。我的目的是要触动听众的情感，让人既能感受又能思考，与神的子民同哭同笑，一起生气或受挫，同感沮丧或共同欢乐。

至于要让听众感同身受，则需要回到眼前，让前人的轨迹带来激励，把圣经与今日的生活相连起来，这时，焦点就要摆在属神启示的这部分。我的目的仍是要触动情感，也是要启发思想；因为，两者缺一不可。单靠意志是无法激发行动的。太多福音派的讲道只停留在头脑层面，像成人主日学，只是灌输思想讯息。我要我的听众，既要体会也要明白神的心意，这样才会更渴望遵行祂的旨意。圣经充满了神的感受，这与希腊人对神的观念全然不同；他们定义的神对我们所做所说的一切无动于衷。

## 讲道的丰富之地

当然，倘若我自己不能先受感动，我就无法激发任何人的情感。不论是在书房、或是在讲台上，神的话都能感动我或是大笑、或热泪盈眶（后者更为频繁，即使为之语塞，我也不会感到困窘）。而且，情感本身若不能为人带来行动，本身就没什么价值。我记得有一位女士来向我道谢，因她觉得我的讲道"真的触动人心"。我不假思索地就冲口而出："触动后有什么行动呢？"她一听觉得被冒犯，便悻悻然离去。后来她告诉我，我的问话始终在她脑海中挥之不去，她向主悔改，因为她原先真的没有想付诸行动，然后，便对祂的道认真地作出回应。

因此，我现在的信息，都会带着这样的目标：传讲真实的圣经真理，并与听众切实相关。要触动听众的心，启发他们的思维，并且立定心志。最后，就是有效地传讲。我常常引用美国一位黑人讲员所说的："我自己先想清楚；我自己先热切祷告；然后，我可以放胆地传讲。"

我上讲台前，会将所有的要点完整地写出来，到一个程度，别人都可以拿来使用。但是，我从未写过一篇讲章、一篇完整的手稿，因此，我绝不会"念"讲稿。即使已经详尽地写出要点了，我还是会试着把它们"拍摄"在脑海中，因此我不需常常看讲稿。我主要的理由是，要尽可能地不受讲稿羁绊（即使它们一直都在那里）。这不是要造成一种虚假的印象，让人以为我博学多闻，一切都在弹指间，而是因着更单纯的理由：双眼要注视会众。倘若讲员的双眼往讲稿看，听众就容易分心。

我立志：讲道时，轮流直视每一位会友的双眼。奇妙的是，常常会留给人一个印象，以为整篇讲道就是针对他个人讲的。附带一点：坐在前排的位置，比坐在后排的位置，更容易"躲"开讲员的注意。因为，比起近处的脸庞，远方的脸庞更容易引起讲员注意。相对地，两米以外的听众，注意力就很难专注在讲员脸上了。

我从观察会友而学到的讲道经验，比从任何其他事物学到的更多。说真的，我觉得讲道是一种对话，即使听起来它像是一种独白。我非常注意会众，要不断从他们的反应来作出回应。渴慕的表情，本身就是最大的鼓励。有句话这么说："会众只能拥有他们本身配得的讲员。"的确有几分道理。我即使是在制作影音产品，眼前也通常会有一群听众在场。

我也会运用我的脸部表情和手势，但不会动用身上的肢体。现代的科技，脚边有那么多的电线固然危险，但动来动去本身就很容易令人分心，以致让人把注意力放在讲员身上，而不是讲员的信息上。我永远记得一位法官的观察：当一位律师，对他的当事人"有罪或无罪"这事十分确定时，他的脚会立定不动；但若是本身都不太有把握时，他会倾向于来回走动。我们的肢体语言，会强化或弱化我们的证词。因此，我会一直留在一个定点，这样无论是固定的麦克风或是无线的，都同样合适。

语言最是关键。很少人知道，英语有两种。一种是盎格鲁·撒克逊的语汇，多半是较短促、具体、图像化、直白、甚至粗鲁的用语，但容易触动人心，也是市井小民易懂的语言。另一种，是拉丁语系的英语，较冗长、多音节、抽象化、优雅的词汇，适合思考，是学者、哲学家、神学家较常使用的语言。有太多讲员，一下子就会泄漏出自己毕业于什么大学或修读什么科系。丘吉尔（Winston Churchill）写的书，会用到 25000 个拉丁语系的词汇，但他在收音机的广播中，只使用 5000 个盎格鲁·撒克逊的词汇；后者成了英国人在二战最艰难的时刻，鼓舞士气的良方。他向同胞作出承诺时，只会用"汗水血泪"这些通俗的字眼，而不会以"天将降大任于斯人也，必先苦其心志、劳其筋骨、饿其体肤……"这类艰涩的词汇。他颂扬在英国上空击退敌机的那些英勇飞行员时，不是用"对少数人的付出，多数人要表达由衷的感激"，而是明白地指出："我们这么多人，全亏有这些单薄的人力，在战场上全心地付出。"钦定版圣经之所以能那么普及，其中一个因素是受惠于威廉·丁道尔（William Tyndale）最早翻译英文圣经时，采用盎格鲁·撒克逊的字源（城造在山上，是不能隐藏的）。相形之下，新英文圣经虽说是为了"一般民众"，却使用了像"神谕之言"（oracular utterance）这样艰深的词汇！神学家们也爱用拉丁语汇的字眼，如：称义（justification）、成圣（sanctification）、得荣耀（glorification）。我爱用洋泾浜英语 'God 'e say 'im alright'（神就算我无罪），不仅我的脑袋能懂，我的心也会受感动。我从早期的服事就下定决心，要尽可能使用浅白的撒克逊英语，不仅是为那个十二岁的男孩，也是为所有教育程度不一的成人。那时，我万万没想到，这么做竟能推波助澜地"成就"（对不起，应该用"帮助"）我日后讲道录音带的服事；只要有小学程度的英语，就能听得懂内容。甚至，新约圣经也是以浅白而非古典希腊文写的，因此，我乃是跟随使徒的脚踪而行。

我的讲道，获得最普遍的评语可能就是："这个嘛，您当然最擅长激发群众思考啰！"对方这么说时，还会略带责备的口吻，意味着："可是，我没料到，当场就得思考。"我通常会这么回答：我们蒙召，除了要尽心、尽性、尽力爱神，也要尽意（译注：with all our minds，指心思意念，思考、思想）爱神，而宇宙间最大一块尚未开发的领域，正是我们两耳之间的脑袋瓜。北方人的鲁直，我一直都还有！

倘若评语中包含了真诚悔改，那最令我振奋；因为，这证明我在讲道时，圣灵也忙着动工。有一次，我向澳洲堪培拉（Canberra）的两院议员讲道，后来，有位内阁阁员告诉我，他回家后，要重填他的报税单。我十分清楚，最好的演说家，也不能说服人为罪、为义、为审判而自责。只有圣灵可以办得到，即便如此，祂却选择透过讲道使人知罪。因此，我十分确信，讲道一点也不会过时，不被废弃，不会过了有效期，但我也十分确信，若没有圣灵动工，讲道就不能成就永恒的价值。

因此，只要我还有能力，只要主还要用我，我就会

## 讲道的丰富之地

一直传讲下去。有一次，我在一大群医生的聚会中讲道，我告诉他们，有一天，他们的呼召将不再有任何用处。当中有一位回呛说："你的也一样！"就像其他的语言恩赐，例如预言和方言，讲道也会"停止"，那时，我们就要如同祂认识我们那样完全认识主。我很期待那一日。即使"讲道"不过是今生中的一项才能，我仍确信，到那时，祂要为我预备别的更有趣、更能满足人心的事。我的舌头也还会继续有用处，即便只是赞美。

# 9
# 灵风吹来

因为专注于圣经教导，我逐渐被归类为"福音派"。这也在我所属的宗派之外，为我带来更多讲道的机会。

我开始受邀在跨宗派（或者对某些人而言，说"非宗派"更合适）的聚会中讲道。像广为人知的"开西大会"（Keswick Convention）就邀请我。我也在福音派的大学讲道。几英里之外的圣公会伦敦神学院（Anglican London College of Divinity）就是一例。有一度，好多学生突然跑来参加我们的早堂崇拜，那时我正在讲以赛亚书。原来，这是他们该年度的必修课程、要考的科目！万国宣教学院（All Nations Missionary College）当时还位于靠近梅登黑德（Maidenhead）附近的泰普乐（Taplow），我便成了固定的兼课讲师。我非常喜欢教那群未来的教师，只是，学生擅长把我的讲义改写，以致老师们创造了一个新名词"禁止抄袭鲍森"（impawsonation，译注：发音接近 impersonation，即冒充）！将近五十年后，应以前一个学生之邀，我又重返客座。这时，万国学院已经迁到哈特福郡（Hertfordshire）的韦尔镇（Ware）了，我的学生担任副校长。

似锦"前程",正向我这个福音派的浸信会人士招手。不料,我又要离去了,这一去,好像会葬送一切——因为我成了"灵恩派"人士。于是,一扇扇门立刻关了起来,而且比当初向我打开的速度更快,包括开西大会。它早期有关圣灵的教导,似乎比较同情灵恩,后来的观点却不太一样。其中有位知名的讲员问我,我是不是失去了批判的能力。事实上,我对灵恩派一些怪异面向的批判,将愈来愈严苛,当时这个运动被称作"更新运动"(Renewal)。

那是20世纪60年代初期,我开始在一些传统教会中,听到一些流言蜚语。发生了一些事,被归因于圣灵的工作。我初次直接的接触,则是在贺恩贝廊(Herne Bay Court),由福音联盟为牧师举办的大会。我抵达时,有一位年长弟兄告诉我:"我刚刚看过住宿名单,你跟另一个会说方言的人同一间。"他的声调极恐怖,好像在警告我,浴室里有一只鳄鱼似的。那晚就寝时,我进入一种戒备状态,就怕整夜会有什么奇怪的声音,小熊维尼与跳跳虎关在一起!结果,全然不是那么回事。我发现对方是个轻松自在、谦逊和蔼的弟兄,我感到很安心。说真的,我觉得跟他相处,比跟那位警告我的弟兄更舒适自在。他并没有谈到他新近的经历,更不会想要说服我也去追求这经历。我们自此成为好朋友,直到如今。麦克·朴西(Mike Pusey)曾是贝辛斯托克(Basingstoke,我现在居住的地区)地区的浸信会牧师,目前则是吉尔福德浸信会的同工（我曾是那里的牧师）。我那时对他的印象都只是听说他是怎样的人，而不太知道他的言行，后来去他家拜访才知道更多。

麦可·哈柏（Michael Harper），一直都是约翰·斯托得（John Stott）在伦敦灵风坊（Langham Place）万灵堂（All Souls）教会的同工，万灵堂就位于英国广播公司隔壁。麦可现在也受了这个新"运动"影响，还包括另外几位同工，但斯托得本人则与之划清界线。麦可比任何人都更不遗余力地推动这个相关的新事工"泉源基金会"（Fountain Trust）。早期，他有个在小会议中心举行的聚会，就在斯托克普吉斯（Stoke Poges，汤玛斯·格雷〔Thomas Gray〕的名诗"写在教堂墓地的挽歌"〔Elegy Written in a Country Churchyard〕就是在此写成）。聚会地点离我家很近，我便问他，可否不请自来，选几个主题参加。其他在场的，还包括哈利·格林伍（Harry Greenwood），他来自萨默塞特（Somerset）的查德镇（Chard）。他是我第一次听见用另一种"舌音"祷告赞美的人。舌音这词有点可怕，意味着不受控制的胡言乱语；但是希腊文 glossai 这个字，一直都应该译成"语言"。我从他听到的，是一种清楚且确信的语言，带有一个特殊的文法和句型。我单独约了哈利，跟他谈话；他为我作了祷告，但什么都没发生。

我这时的属灵状态究竟是如何呢？我是个全时间的事奉者，尽我所能地忠心服事主，传讲祂的道，也看见了果子。这一切不能证明我已经拥有圣灵吗？我还需要什么呢？那时，我作了蛮多的自我检视，但如今，按着后见之明，我可以更清楚地看出这些问题的答案。

我就像许多全然拥护三位一体真理的基督徒一样，无论在信仰告白或基本教义上，都相信"神格"共有父、子、灵三位，这是信经、圣诗和基督教崇拜中的祝福祷告，都会涵括在内的。但实际上呢，甚至在讲道时，我和许多人一样，其实是二位一体者，我们只聚焦信仰这两位：父与子。我们认识子，然后藉着子而认识父。因此，与这两位建立了清楚的认知关系，才能够向别人介绍这两位。但是，我们却不会以同样的方式介绍第三位。我们的理由是：圣灵的功能在于荣耀子，而不是自己。但是，子也这么说啊：祂只荣耀父，而不荣耀祂自己——而我们却丝毫不犹豫地向人介绍耶稣。真正的原因是我们根本不"认识"这位圣灵，因此，无法以同样的确信和亲密感来介绍圣灵。

每一年，教会的年历逼得我非在五旬节主日讲圣灵不可。我不得不想办法把注释书和其他相关书籍扫过一遍。可是，我传递的这些只是资料，不是经历；不过像在传讲一个教义，而不是有大能的那"一位"；我无法证明祂是有位格的神，而不只是一种力量。圣灵降临节，变成只是在庆祝两千年前的"教会诞生日"，已成为昨日的历史事件，而不是持续至今的经历。这一天结束时，我松了一口气，终于可以再回到"福音"了！

而今我觉悟到，我太忽略祂、太将祂视为无物了。

因此，我决心改正过来——公开在讲台上，而非私底下。我宣布，我要讲一系列二十堂有关圣灵的道，包括圣经从头到尾、所有论及圣灵的经文。我这么做，其实最主要是为了我自己，而不是为别人。我想起有一位女士向她的教区牧师说的："请不要传讲你怀疑的事，我自己的已经够多了。"但我也想起摩拉维亚弟兄会（Moravian）的彼得·波乐（Peter Bohler），对尚未悔改归信的约翰·卫斯理牧师的劝告："传讲信心，直到你自己有信心。"

我在预备这系列的讲道时，十分惊讶地发现，圣经中竟然有那么多关于圣灵的经文。当我们不刻意去圣经中寻找某些东西时，就很容易漏掉许多，尤其是在旧约圣经中。我发现，是圣灵负责成就先知、祭司、君王的工作，甚至建造会幕工匠的技艺、参孙的勇力、所罗门的智慧，还有许多其他英勇的事迹，我以前都没有意识到，只归因于人的独特的能力。但这一切都是历史事件了，再怎么传述好像也都起不了什么作用。

进到新约圣经时，我开始觉得心被搅动、甚至害怕起来。我原本打算在五旬节主日传讲使徒行传第二章，那衔接得多么好啊！可是，我要讲什么呢？我自己还悬在复活节和五旬节之间，对于初代门徒所经历的事，我个人一点儿经验都没有。我惊慌起来，甚至想要把这系列剩下的延后再说，才不会丢脸，反正谁也猜不到我为何这样做。可是，我左思右想，都不知该如何解围才好。

我已经讲到约翰福音，耶稣一直在讲，祂要"另外差一位保惠师"来代替自己。现在不能喊停。

与主同行的生命，就是会充满惊奇。祂以出人意外的方式介入，不仅替我解决了骑虎难下的困境，更改变了我服事的方向。

我必须岔开一下，先讲一个名叫雅各（James）的弟兄。他是个非常聪明的专利代理人，但总是在教会的会议中带头唱反调。我想，每个教会都需要一个这样的人，好让我们保持警醒。他的贡献尤其叫人愤怒，我甚至感到心灰意冷，但妻子总是劝我不要生气，因为"其他的人都挺你啊"。有一年春天，他不能来开会，我大感轻松，因为他患了严重的花粉热，肺部受到感染，可能要好几星期都卧病在床。我只能惭愧地承认，我真高兴他受苦，这样太好了。

那一年，正是我陷入讲道"危机"的一年；我正在传讲圣灵系列的信息。作牧师的我，虽然心不甘情不愿，还是必须去探访卧病在床的会友。一路上，我脑中一直有个声音不断地重复："雅各五，雅各五。"雅各嘛，他就叫雅各呀，可这个"五"是什么呢？后来我想起雅各书第五章，信徒若有人生病，他要请长老为他抹油，就可以得医治。我从来不曾这么做过，自然更不会想在这个节骨眼上操练，因此，我决定不提这件事。不料，他见到我之后说的第一句话，就是："你对雅各书第五章有何看法？"他解释说，他本来计划好，四天后要飞往瑞士洽谈重要的生意。我能否为他抹油作医治祷告？我说，我会为此祷告看看（很管用的脱身之道）。接下来的一两天，我向主呼求，求祂赐给我一个明确的理由（借口？）回绝他吧，可是，天上一直静默。

他预定要飞去瑞士的前一天，他的妻子打电话来，问我何时可以过去。我答应说，晚上我会带一两位长老过去，又预先买了一瓶橄榄油。但我心中充满了疑惑和问号，我到底要做什么？我该如何被主使用来行医治呢？使徒们或许会有这样的"能力"，但我没有。更严重的是，如果没得医治，雅各岂不比之前更成为我身上的刺吗？他会更瞧不起我的服事。我走进教堂，跪在讲台前想要祷告，向主倾吐杂乱不安的心绪。我没把握能被主使用来行医治；看他生病我幸灾乐祸，我为此认罪。不知道还能说些什么，我就停了。突然间，我开始全心全意地为雅各祷告起来，从我灵的深处不断地涌出话语。重点是，那不是英语！听起来更像中国话。我记得当时还停顿了一下，看看表，吓了一跳，我已经不间断地祷告将近一个钟头了，这是我全新的属灵经验。当时，我没把握同样的事会不会再发生一次。一开口，真的又开始了，又是完全不一样的语言。这回，比较像是俄语。

我的情绪没有特别激动，但内心里感到极大的释放。这不就是门徒在第一次五旬节的经历？现在，我应该知道如何传讲使徒行传第二章了，而且，此时我发现自己渴望去探访雅各、为他抹油祷告。现在,我十分确信他必要得医治。

我们那晚就去了,看到他脸色苍白地躺着,气喘吁吁。我们按着雅各书第五章操作,就好像使用汽车保养手册一般;然后,开始作认罪祷告。我向他坦承,我一直都不喜欢他,不料他竟说:"彼此彼此。"我把整瓶橄榄油倒在他头上,然后,我们开口祷告。你猜发生了什么事——什么都没有!我们又对照雅各书第五章,每一点都做了啊。我失望到极点,说"绝望"可能更正确。我从跪姿站了起来,走到卧室门口,就是想逃。有件事(有一位)拦住了我,让我开口问雅各,隔天的机票还在吗,他说,"当然!"我冲口说出,"那明天我送你去希斯罗机场(Heathrow airport)"就落荒而逃。

隔天,我根本不敢和他联络,可是,他打电话来了,要我去接他。我无法相信他已好转,可以出远门了,因此问他是否有得到医生的许可。他说有,而且也理了头发;理发师坚持要先帮他洗头(还说从来没看过这么油的头发!)。原来,夜半时分,他觉得自己的双肺好像被两只大手推挤着,咳出了一整碗的痰来。

自此,竟产生了三个长期的结果。第一,他的花粉热再也没有发作,这宿疾从孩童时期他每年都犯。第二,他和他的妻子,两人都被圣灵充满(他父亲是虔诚的五旬节派信徒,多年来渴望这事能够发生)。第三,他成了我最要好的朋友,最信任的知己。因此,每当有基督徒告诉我，他认为方言是从魔鬼来的，我会感到困惑；我认为，这么说，已经危险到近乎犯了不得赦免的罪了。

接下来的主日，我正好讲到约翰福音第十六章和"保惠师"，我就按原先预备好的讲章讲。后来，一位年轻的木匠跑来问我："这个礼拜你发生了什么事？"我问他为什么这样问，他回答说："因为，这个礼拜的讲道，听起来你知道你在讲什么了。"我便与他分享我的经历。一两年后，浸信会也接纳了他的服事，他对圣灵的认识比我还更深入。

那么，在此之前，我的属灵状况和经历，究竟是处于怎样的光景呢？在此之后，又有什么两样吗？现在谈这个新的经历，我可以说是同时"领受"了圣灵，也受了"灵洗"，这在新约圣经指的是同一件事。至于先前那次的服事，我发现自己身上发生的事，非常像初代使徒的经历。耶稣在受死的前一晚对门徒说，有一位世人完全陌生，也必然会一直不熟悉的"保惠师"、新的"安慰者"（支持者）要来，但门徒不至于完全不认识祂。祂曾经和他们一起（他们曾靠着祂的能力医病、赶鬼，虽然当时并不清楚能力从何而来），但祂很快会进到他们里面。就像耶稣在水里受洗后、领受圣灵一样，门徒们也要如此。他们因而能做耶稣所做的事，甚至"更大"的事。五旬节之后，果真如此。

自从我的"五旬节"之后，我也开始转变了。用向来不曾学过的语言祷告和赞美，那只是个开始，对我也是一样。我"主要"的恩赐,还是"教导"圣经,虽然旁人察觉到有新的音调发出——讲得更加清楚、更有自信、更有确据,更具挑战性。直到今天,每逢在公开场合讲道,我都还能感受到,有一种新的转变很快地临到我。以前不曾出现的其他恩赐、超自然的能力,现在也开始让我和其他人感到惊讶。我不得不学习去分辨圣灵在我灵里的催逼,学习回应祂要我去做的、要我去说的。祂使用话语产生的果效,甚至多过行动。有些话语,简单直接到几乎不像是天上来的,直到它的结果印证了那的确是从神来的。

有一次,我在伦敦讲完道,一对颇讨人喜欢的年轻夫妻过来找我,开口就说:

"鲍森先生,你非帮助我们不可,因为,我们快要离婚了!"

"你们两位都是基督徒吗?"

"喔,是啊。"

"你们结婚多久了?"

"三个月。"

"为什么想离婚呢?"

"我们再也受不了对方。"

"你们怎么认识彼此的?"

故事就开始了。她去监狱当探访志愿者,被分配到男监。之后,带领一个年轻人悔改接受主,开始帮他上门徒造就,在他受刑期间,两人坠入情网。两人都没什么亲戚或朋友，因此，男的一获释，两人就立刻结婚，搬进她的公寓住。但很快就发现，彼此的社会背景太过悬殊。他从来不用刀叉餐具，都是用手指抓食；晚上睡觉时，就把衣服脱了堆在地板上，隔天清晨，再把衣服穿回去。她却喜欢凡事弄得井井有条，收进抽屉，瓶中有花，窗帘有蕾丝点缀。婚前，两人都是在牢房见面，从来没去过别的地方。这真是个可怕的错误。我当下觉得，起码要花几个月的功夫进行协谈。我默默地向主祈求帮助，结果，脑海中跑出几个我完全意想不到的字："一周按他的，一周按她的。"我说了出来，并且加一句："我想，这意思就是，两人轮流吧。这个礼拜，两人完全按他的方式；下个礼拜，两人完全按她的方式。"女孩当下就说："这么奇怪，应该就是主的吩咐了……还有别的吗？"我说："主没有再跟我说别的欸。"他们就走了。我也一直没有再见到他们。但是六个月之后，我收到一封很可爱、充满喜悦的信，告诉我，婚姻是多么美好的事，他们现在多么幸福、多么感谢"我的"劝告！不过，他们没告诉我现在是不是还按照"一周他的，一周她的"方式生活。我当时想，若要写一本婚姻生活指南，这是绝佳的题目，也是很实用的技巧，但主告诉我，这句"智慧的言语"只有给那对夫妇。我感觉好像当年所罗门王对那两个争吵的妇人说，把婴孩砍成两半的故事一样。我也印象深刻，受圣灵启示而出口的话语，就是那么及时又富有果效。

"知识的言语"也同样有果效。有一次我在谢菲尔德（Sheffield）讲完道，一个妇人来问我，她如何可以更有效地向邻居作见证。我回答说，"你不需要再吃那些药丸。"这句话让我和她都吓一大跳。我们的对话还没结束：

"您怎么知道我在吃药？"

"我不知道，但主知道。是医生开的吗？"

"不是。"

"那么，主希望你倚靠祂所赐的平安，意思是，你吃的是镇定剂？"

"是的。"

"那么，你就接受祂所赐的平安，把药丸倒马桶冲掉吧。"

她的脸散发出喜乐的光彩，兴奋地跑开。我向主抱怨说，我还没来得及回答她一开始问的，要如何向邻居作见证；但主回答我说，"你想呢？今晚她会第一个向谁作见证？"我就没话说了。祂是多么幽默啊。

知识的言语之后就是医治。有一次，我在一个帐篷聚会中担任讲员。当我走上台、准备向群众讲道时，圣灵引导我要先进行医治的事奉。并告诉我要为六种疑难杂症祷告，其中包括舌癌。但最特别的是，有一个人左手的手指有毛病。我一宣布之后，就有一个男士跳起来，高举着一只手，中指整个是黑的。原来，他在工作时，不小心让整个中指断了，虽然医生很快又接回去，但是已经变成坏疽——隔天正准备截肢、切除中指。结果，他再也不需要截肢了；隔天早上，中指已经和一般人一样健全正常。

有一次，某个主日，我在一个教会讲道，那是安妮公主（Princess Anne）平日来聚会的教堂。那个上午，她没来，但会众坐得满满的，许多人看起来像是坐马车过来的。那是个圣公会的一间"高级"教会，步上讲台前，还要先由两位穿着袍子的小男生，用点燃的袅袅青烟替我熏香。他们只给我15分钟，要讲当日的主题："不得赦免的罪"！我共讲了19分钟，其中还包括挤出时间讲"互助会"的事！会后，教区牧师非常兴奋，提出请求可否把纲要给他，这样，他自己可以再讲一遍。他又请我主持圣餐的分杯，只是，有好多女士戴着大圆形宽边（Gainsborough）帽子，她们低下头来领杯时，这些女士的鼻子和脸颊就会被撞到。圣餐结束时，我不禁好奇，主耶稣会怎么做呢？可是，会后我们聚在一起喝咖啡时，一些很奇妙的事让我不禁肃然起敬。一位穿着很体面的绅士告诉我，他刚信主，喜乐非常。然后是一位驼背很厉害的老姐妹，几乎是以右脚和一只拐杖在支撑身体。她告诉我，她曾在海外宣教，忠心服事主数十年如一日，现在却发现，瘸腿年迈的日子很难承受。问我可否为她祷告？就在许多和她熟识之人的注目之下，她的背立刻直起来，也不需扶拐杖就可以走了。我的太太和我非常喜乐地开车离去，觉得这真是我们参加过最棒的主日。又过了一段时间，我去拜访一个朋友，坐在他家中的沙发上，旁边有个九岁的小男孩，他的手长满了疣，让他在学校很自卑。我搭着他的肩膀，祈求耶稣把这些疣除去。一两天之后，疣统统不见了，留下的是粉嫩的皮肤。无论这些是发生在公开或私下的场合、是老是少，我承认至今我还是觉得：要相信这样的祷告会蒙应允，本身就是一场争战，一旦蒙应允，我心中也是充满感恩和惊喜。但我已经学会，在为病人作医治祷告前，要先求问主的心意。同情，不能取代信靠顺服。

医治与行神迹的恩赐，是很独特的。我把"神迹"定义为：带有超自然因素的自然事件。我不认为这些"发生的事"，属于心理范畴或属灵领域。"神迹"这个词，应该限于发生在人类所处的物质世界中。像耶稣平静风和海、或分五饼二鱼，都是例子。我的经验中，就曾奉耶稣的名，在很罕见的场合影响了天气的状况。

在诺森伯兰北方的奥特本（Otterburn）猎场，有一群农夫和几个朋友在一片空地上规划了一场露天特会。他们原先就想要邀请我讲道，甚至已订好了日期。他们打电话给我，确信那个周末我一定有空，事实上我真的有空。不料，我抵达时，他们递来一件雨衣（尺寸正合），因为天气预报那天下午该地会有一场大雨。我大胆地告诉他们，何必破费，我不在意被雨淋湿。但我们正要开始聚会时，天色愈来愈暗。听众都坐在稻草堆上，我则站在一辆四轮拖车权充的讲台上。我正要开口，豆大的雨点开始飘下，听众纷纷打开伞来。我不禁对主生起气来。我怪祂，安排了这场聚会，却没有安排好天气。我甚至告诉祂，把我们头上的乌云分开好不好。令我大吃一惊的是，（或你这小信的人哪！）祂真的那么做了。在我们场地的两边，大雨倾盆，但在我们这地区上空，却有一小片阳光，甚至灼伤了我的下唇。阿因维克（Alnwick）的报纸和《农民周刊》，都用"神迹"这个词报导了这件奇特的事，但《卫理公会期刊》(*Methodist Recorder*) 只提到有"聚会"！

圣灵恩赐中最普遍的一项，可能要算"说预言"（prophecy）。按通俗的说法，仅限于预测未来。但它其实可以包括对神的子民，就现今的事给予指示、督责或勉励；因此，它包括了预告（forth-telling）与预示（foretell）。然而，说预言真的与从神而来的信息相关，而不是为了满足人对未来的好奇心，更不是要用一些神秘知识来哗众取宠。预言的目的，只是叫人对未来有所预备，并信那位掌管未来的神。我发现自己常常作这样的宣告。

下一章，我会告诉你们，我曾向撒切尔（Margaret Thatcher）夫人预告，她会当上英国首相，以及她如何回答我。为了避免你们以为，我相信神偏爱右翼的政治人物，我也要追加另一则澳洲的故事。我鼓励会众，替一位知名度相当低、叫鲍勃·霍克（Bob Hawke）的贸易协会官员祷告，我预言，神已拣选他出任下一届的总理。我曾被警告，不要在教会提"那个娘娘腔的酒鬼"，但我告诉大家：他一上任，大家还是得为他祷告，所以不如现在先为他代祷，这样他会变好些，省得大家未来更担忧。结果，果真如此。

我想，大家公认我最为人所知的"预言"，便是伊斯兰教将在英国成为主要的信仰。我怎么会有这样的信念（或说，这预言怎么会临到我），以及，这事对教会的意义为何，这都在拙作《伊斯兰的挑战》（*The Challenge of Islam to Christians*，繁体中文版由以琳书房出版）中已详述。但这份预感并没有相应的时间表，因此，有生之年我或许看不到它的应验。按着肉体说，我很希望自己预言错了，但从灵里，我恐怕不得不说我的预言会成真。自从我第一次公开宣布这预言后，许多的趋势和事件报导都在确认这事的可能性，更别说，体制化的基督教既有的影响力日渐式微，而政府对穆斯林少数族群的增长正日益关切。

我写本章的用意，是想让大家先有一点了解：我与三位一体中第三位的圣灵，已经建立了更有意识的亲密关系。

最令我兴奋的，不是发生在我身上的事，而是透过我影响到别人。连一些天生少有才干的人，都可以拥有超自然恩赐。我恐怕得写另一本书才能说完这些人的故事。他们原本在教会中很少参与服事，现在竟然可以用超乎他们最狂热梦想的方式，有份于建造整个身体。我不禁想，服事，是每个人都能操练的。我毫不在乎教会的按立制度,不在乎是否要从带职转为全职。我早已脱下神职人员的外衣,现在也不用"牧师"(Reverend)的尊称。我的牧师同道指控我,这么做是想推翻"神职人员"制度。但我的反驳是,我想推翻的是"平信徒"制度。在神学词汇中,我的"圣灵论"(pneumatology)早已将我的"教会论"(ecclesiology)整个翻转了。领受圣灵,使我重新定义教会。我也开始接受过去我服事过的人对我的服事。我领悟到:我需要他们的程度,就如同他们需要我一样,这是一个既严肃却又令人得释放的发现。

# 10
# 让我的百姓留下来

1961年，我第一次去以色列，当时，是想去看看那块土地，而不是看那里的人。我对圣经的喜爱与日俱增，不禁产生好奇心，想亲眼看看大多数事件发生的这块土地。于是，我报名一个商业团（广告名称为"朝圣团"），结果惊喜地发现，参加团员都是来自北爱尔兰的长老会牧师。那时期，这地有一个严格划分出来的"禁入"地雷区，我们必须带着行李穿越曼德尔鲍姆门（Mandelbaum Gate），这是介于以色列和阿拉伯区惟一的通行入口。但我们还是想尽办法安排，参观了圣经中绝大多数的重要景点。回到英国时，我带了数打的彩色幻灯片回来，以及不少实用的纪念品，对圣经历史及地理也有更多、更深的认识。此外，意想不到的是，我竟强烈地想要再去第二次。当飞机驶离时，我的双眼充满泪水。我好像正要离家，而不是回家的人！

再回去，最便宜的方式就是带团，几年后，我真的就这样回去了。我很快就招足人数，去看三个地方。这回，我们对当地的政治有了鲜明的体认。耶路撒冷"旧城"还在阿拉伯人手中,受约旦人控管。纳赛尔上校(Colonel Nasser)也在埃及崛起,整个中东,炮声隆隆。

我们正在圣殿山时,先是子弹呼啸而过,接着便是石头齐飞,因为爆发了一场大暴动。我们讲阿拉伯语的导游逃命去了,留下我照管全团,要从"大马士革门"(Damascus Gate)的城外回旅馆。我们回旅馆后才知,胡笙国王已在广播电台宣布,耶路撒冷全城戒严三天,任何人擅自外出到街头,一律格杀勿论。他的阿拉伯军团,是由格拉布·帕夏(Glubb Pasha)这个英国人训练的,戒严令就由这个军团负责执行。

说来巧得出奇,他的资深官员,就以我们下榻的酒店作为临时指挥部。数小时后,他们就进到酒吧,那时我们正在大厅唱诗,两处只隔着一道开放的拱门。领诗的是艾瑞克·伍德(Eric Wood),他以前是歌剧的唱将,他的姐姐和姐夫是伦敦以马内利合唱团的负责人。这些军人对伍德美妙的男中音甚为着迷,便问他,可否过来唱给他们听。他告诉他们,他现在只唱基督教的诗歌了。但他们已经闷得发慌,就不在意那些差别。因此他唱了将近一个小时的诗歌;结果,我们竟然获得通行证,可以去探索耶路撒冷。城里的街道荒芜一人,给人一种毛毛的感觉。我们好像穿越了数世纪的时空隧道,倘若在街头的转角处碰到使徒出现,也不足为奇。这三天,我们随心所欲地出没整座城,直到戒严解除。

其中有一天是复活主日,我们七嘴八舌地讨论,要不要就在旅馆作礼拜，还是出去找一些当地的信徒一起敬拜。后来决定采取后者，一行人便往空荡荡的街道出发，一时也不知该往何处，只好边走边祷告，求主引领。不久，我们就听见上头有人在喊我们。一个阿拉伯人，正靠在一个屋顶平台的栏杆上，向着我们招手。他指向屋旁的一排台阶，要我们上去他那里。令我们大吃一惊的是，上去后，他领我们进入一间会议室，座椅和诗歌本都已经排好等人来聚会呢。纳摩（Nammour）告诉我们，他就是牧师。当他知道他的会友不能出门聚会，他又迫切想传讲已经预备好的有关基督复活的讲章，于是他花两个小时拼命祷告，求主预备会众。主终于说，他的祷告已蒙垂听，要他往下看，街道上就有答案。那就是我们这一群人啦！

礼拜结束后，我请他分享他的见证，意识到那一定是个不平凡的故事。真的，比我所意料的更奇妙。他曾是一位大学讲师、政治鼓动家，专门在约旦哈希姆王国（Hashemite Kingdom of Jordan，即约旦）鼓动他的学生，激起社会动乱，准备当埃及接管这地时，替纳赛尔的政权铺路。他还有另外两个抱负：娶一个漂亮的女孩；建立家庭，两个抱负都实现了。可惜的是，第一个孩子是个"蓝孩儿"（编按：blue baby，指新生儿因先天性心脏缺陷而呈青紫色），很快就夭折。纳摩真的"心碎"了，因一度停止心跳而送医急救。就在医院时，耶稣在病床尾向他显现，告诉他："三天。"妻子来探视时，他对老婆说，我要不是三天后死，就是三天后可以复原出院。结果他复原了，后来带领了许多学生归信基督，并建立一间教会。我们听得入迷，不禁想起数百码之外耶稣的空坟墓。可惜的是，不久之后，他就遭叙利亚的复兴党（Ba'athists）阵营绑架，从此音讯全无。我相信他已加入"高贵殉道者的行列"；很期待将来在荣耀中能与他再次相逢。

因着我对以色列的关注日益加深，我们的教会也受到影响。我常常必须努力控制自己，不要每次讲道都提到："当我在……时"；但无可避免地，我在描述圣经的景点时，变得更鲜活了。我们主日学的校长就告诉我，他可以从主日学老师复述圣经故事的方式，来分辨出，哪些人是跟我去过以色列的。那些去过的，会以说童话故事的口吻说："好，小朋友，我要跟你们讲一个故事……"叙述那些地方，如数家珍，就好像叙述昨晚周末足球赛事那般详实精彩。他们看过真实的地点，了解那些事真的发生过。

因此，要再次组团一点都不困难，只是没想到，这回真的对我影响深远；我的关注开始从以色列的地理，转变到以色列百姓身上。1967年一切都已安排妥当时，不料，著名的"六日战争"（Six-Day War）爆发了。我紧盯着电视机的荧光幕，想了解这桩惊人的冲突。不怕你们笑，我起初的动机是很自私的：它到底会不会结束？来得及我们如期出发吗？还是，得取消一切计划？

但就在我看电视时，逐渐明白了这个独特事件的历史意义。出乎众人意料的，以色列赢了。我开始以新的眼光来看这事，并且不禁好奇：是不是因为他们的神站在他们这边。

我强迫自己暂时离开电视，出去探访会友。探访的对象中，除了别人还有乔伊，他是我太太的远房亲戚，年纪已经很大了，早年就罹患糖尿病，靠饮食控制病情，也在住家附近的癫痫病患疗养院工作。我们谈起了中东战争，他一口咬定，以色列就快成功，一定能顺利站稳。这是圣经说的！他给了我一本有关圣经预言的书，名叫《以色列复国——出于神还是人？》（*The Rebirth of the State of Israel-is it of God or Man?*，暂译），作者为亚瑟·卡克（Authur W. Kac）。若说我读得目瞪口呆，还算太客气了。有关神的应许，我怎么会忽略掉这么重要的因素呢？对我而言，这有如一道强光射入。因此，以色列的神、耶稣的父，本就是一体，也是同一位啊！而且，耶稣过去是，至今是，也永远是犹太人啊！我的圣经就是一本犹太人的书，所有四十位作者，除了一位，其他都是同族的人！犹太人至今还是祂的选民，祂对他们还有未来的计划！

这对我来说简直是一场大脑革命，好像大马士革路上的经历；因为，我这个外邦人已经领悟到，藉着信，我们竟成了亚伯拉罕的真儿子。紧接下来的主日，我的讲题是"以色列的神与神的以色列"（the God of Israel and the Israel of God）。这就像是把灯泡放进插座，发现它亮了起来。有关这题目的录音带，传播极广极远，教会和犹太会堂都有。我只知道，从此，我的生命将大大改观了。

结果我们还是去了，当时是"清理战场"的最后阶段。我跟着一位陆军少校坐在一辆吉普车上，开在戈兰高地，沿途看见俄制的枪枝，枪管朝下俯瞰着陡坡下以色列民的基布兹（kibbutz，集体农场）。我不敢相信，这么坚固的防卫，怎么可能被以色列夺取，便向这位少校讨教。他一言不发，只伸出手，指指蓝色的天空。

我们下榻西耶路撒冷的一间旅馆。有一天，我们雇了一辆车，往下开到耶利哥、死海及马撒大。沿路颠簸，穿越一片曾经人烟渺茫、地雷现已除尽的地区，来到一条满是灰尘的小路；当晚开回旅馆时，我们改走一段铺了柏油、还设了街灯的路面。当时，联合国的调查员已经抵达，这城已看不出曾经有分治的迹象。耶路撒冷经过十九个世纪之后，终于重返犹太人的手，这是人类历史前所未见的例子。"哭墙"，现已重新命名为"西墙"（从前的名字，现在转移到国税局的办公室了！），上面沾满了喜极而泣的泪水。

1973年，我再度造访，目睹庆祝独立纪念日的军队分列式，穿越征服到手的耶路撒冷城阿拉伯区，几位当时的以色列领袖脸上不可一世的表情，在我心中留下深刻印象。其中像是：本古里安（译注：Ben Gurion，第一位总理)、摩西·达扬（译注：Moshe Dayan，时任国防部长)、梅厄夫人（译注：Golda Meir，第四任总理）等。我转向我们一位长老，对他说："神一定会使他们谦卑下来。"几个月之后，就在"赎罪日"（Yom Kippur）当天，叫他们万万料想不到的是，那天一切停摆，每个人都得待在家里。那肯定是一场代价高昂也让人谦卑不少的武装冲突。战无不胜的迷思，已然粉碎。

与以色列土地和百姓的连结，开始在我的服事中深化，也开展了新的面向。我发现，我开始以新的眼光看待其他人，因为以色列的神也是万国的神，英国自不在话下。我们英国，在洗手不再承担托管巴勒斯坦地之后，数年间就失去世界帝国的光彩，岂是偶然的吗？还有，我们的六位首相，从内维尔·张伯伦（Neville Chamberlain）、丘吉尔，到詹姆士·卡拉汉（James Callaghan），对以色列背信食言之后，纷纷从政治舞台上销声匿迹，也是碰巧吗？还有，首相在位任期最长的另外两位，哈罗德·威尔逊（Harold Wilson，参考他的主要著作《以色列的战车》〔The Chariots of Israel，暂译〕）和撒切尔夫人又是为什么呢？他们岂不曾公然说，我们是"以色列的朋友"吗？

说到我们的第一位女首相，就让我想到1979年我的以色列之旅。这阶段，我已经要出两团了。从吉尔福德连着两个团，兴致勃勃地出发去以色列。当中，我空出一个礼拜，留在耶路撒冷的朋友那。第一团飞离机场后，我太太提醒我，普选即将到来，她问我有没有记得先去作海外邮寄投票。我忘了，但我说，我还是会以祷告来影响结果。那天是以色列的独立纪念日，当晚，特拉维夫的街道万头攒动，我也跟着他们手舞足蹈，欢庆他们的"家"国之庆。回到旅馆，已是凌晨时分。我相信，主在每次的选举中都会指派祂的人选；神若不是在公义中赐给我们活该承受的领袖，就是在怜悯中赐给我们所需要的领袖。我问祂，祂会投给谁，结果撒切尔的名字直入我脑海。我接着又问祂，祂对她有没有什么话要说。结果，在这名字之后，出现两件事：一、她应该回到她父亲的信仰（他是格兰瑟姆〔Grantham〕的杂货商，同时也是卫理公会的"地方"传道人）；二、她要尽快与当时的以色列总理梅纳罕·比金（Menachem Begin）建立关系。

我便找了旅馆的信笺，把上述这些话都写下来，准备寄给她。开头我是这样写的："我要成为英国人中第一个恭贺你的人；神已授予你这个高位与责任。"但接下来，天性的矜持（或懦弱？），竟驱使我不敢投邮。于是我便决定出去逛逛，再仔细想想，寻求主的引导。当我走到特拉维夫的主要街道迪岑哥夫街（Dizengoff）时，看到一家书店的橱窗。居中的加框摆设，是从以赛亚书撷取的经文："我因锡安必不静默；为耶路撒冷必不息声。"这件事就这么搞定了！

隔天早上，从耶路撒冷来的朋友，音乐人华森夫妇（Merv & Merla Watson）开车来接我去他们家，我便请他们先送我去邮局。我一定要寄快捷，这意味要贴很多邮票，花许多舍克勒。华森看了信封上的收件人姓名和地址，大感不解地问，里面写了什么？我解释说，我告诉她，她会赢得即将到来的选举。他大笑说，如果她选输了，他就要把我扔出他们家——"我们家不想接待假先知！"结果，撒切尔夫人没有输，我也得以留在华生家。

我们教会的第二团也抵达了，我带大家尽可能地参观完景点（我们的以色列导游称我们这团是"跑过耶稣走过的路"），就直接赴机场，准备搭机返国。那时期，大家的机票都是入境后就收在一起，出境后再发还给大家。机票都正确地发还给团员了，大家都是搭乘英国航空。可是，我这个需要负责把大家平安带回家的人，却换成了一张以色列航空公司的机票（El-Al，这四个字母并不代表："每次降落都会晚点"）。我去抗议，却只得到安全当局不肯更换、或"不准"的回复。这时，一位会友说，她相信主必负责。结果，我只好登上以色列航空的747班机——同行的有一个瘦子名叫梅纳罕·比金，正要飞去伦敦，希望与我们的新首相撒切尔夫人会面。我便得以告诉他，我写给她的一封信。后来才知道，她在唐宁街十号官邸举行的第一场记者会，就引用了我的信，并加上圣法兰西斯的一段祷告词。

之后，我去了以色列好多次，护照上盖满了以色列国的戳记。这个照道理会影响我飞穆斯林国家；也就是说，有这么多入出境以色列的纪录，是会被拒绝进入穆斯林国家的。我把护照交给移民官时，向主祷告，求主遮蔽他的双眼。结果，他翻了每一页，眼睛却越过我的肩头、望向远方，然后就还给我了。

最值得记念的造访，要算自己单独去的一次。有两个月之久，我从南到北地穿梭旅行，由别示巴到但，住在阿拉伯和以色列的房舍，这些地方的朋友和邻居，都会在晚上过来听我讲道。最动人的相遇，便是与阿拉伯基督徒的聚集。他们相信，神会信守祂对以色列选民的应许，带领他们回到属于他们的土地。当我指出，此举不是造成阿拉伯人财物上的损失吗，他们只说："噢，但这也意味着主耶稣基督再来的日子更近了。"还有一个人问："以色列为什么要放弃耶利哥城呢？那是神赐给他们的第一座城哪！"另一个告诉我，远在1948年时，他就把存在一家阿拉伯银行的钱都提出来，存进一家以色列银行。邻居都想他疯了不成，但他说，他只是把钱存在他信仰所在的地方。结果，他的钱保存到现在，而那些邻居却失去了所有的钱。我们必须说：拥有这样眼光的人，大多属于"弟兄会"一类的教会，都是熟读圣经的人。巴勒斯坦的圣公会教会，多半对以色列国和人民极度仇视。即使是巴勒斯坦的基督徒，本身也有分歧的态度。但令人感动的是，以色列的基督徒会冒着生命危险，去帮助巴勒斯坦的弟兄们。这又令我想起另一段回忆。

几年前，以色列的基督徒领袖，包括阿拉伯人和犹太人，在特拉维夫举行会议，但很快就因几个重要议题而吵起来。情况似乎僵在那儿，直到有人建议，何不从外面找个局外的人进来，这个人需要大家都了解并且信任，趁众人还未不欢而散时，由他带领会议。有人提到我的名字，大会接受了，因此便打越洋电话，拜托我立刻飞过去。我那时有空，但临时要订机票的票价很贵，超过八百英镑，我没这笔钱，也不敢期待他们支付这么多钱。有几个较年轻的人开始为此祷告，相信主对他们说：倘若大家把现金凑一凑，祂应该就能带领我去；他们真的这么做了，结果共收到折合一百二十英镑的舍客勒。同时，我跑去伦敦的卢顿（Luton）机场，问他们有没有直飞以色列的班机。他们说有，可是已经全部客满。我继续拜托他们说，我的情况特殊、需要紧急飞过去，他们最后答应给我一个后排、机组人员折叠椅的位置——票价120英镑！

登机之后，才知道我是机上惟一的外邦人，旁边坐的竟是三名拉比。吃过犹太餐点后，我打开话闸子，问他们还遵不遵守妥拉，就是摩西的律法书。他们提出抗议，说我不该这样问。还用问吗，当然遵守。当我提出某些质疑的点：就我所知他们其实已无法遵守全部律法（因为圣殿的祭司制度和献祭的祭坛，都已不复存在）；或说，其实已不再遵守（因为实际上，当今的拉比领袖已用权宜之计作了取代）。他们变得非常激动，要求知道我到底是"正统派"或"自由派"。我说，我两派都不是，他们就不再说话，只是以狡黠的眼光打量我。最后，其中有位爆出一句："我知道了——你是一个基督徒，你认为耶稣救你脱离摩西律法的捆绑。"我告诉他，他说得对极了；脱离捆绑是多么美好的事，因为，不仅我无法时刻地遵守摩西的所有律法，他们也做不到；虽然，他们的祖先在西奈山承诺要做到这一切。时间过得好快，我们的讨论只得结束，飞机在卢德（Lod）机场（现在的本古里安机场）降落。

我一直都很想去爬西奈山。虽然我记得，有一位苏格兰的神职人员，听说他的一名会友想去爬西奈山，好从山上大声念出十诫，便告诫这名会友说："你还不如留在家里，好好地遵守十诫吧！"我从耶路撒冷搭乘往埃拉特（Eilat）的公交，邻座是一位以色列女兵。她告诉我说，自从考古学家挖掘到一个先祖的坟墓后，她的家人发现，他们竟是所罗门王的后裔。我对她说，我好羡慕喔，我多么盼望自己能承袭王的姓氏。她马上涌出泪水哭道："我们犹太人为什么要成为这么特别的民族呢？我只希望像你们每个人一样！"可她永远不可能像别人一样。我马上想起，保罗对"犹太人有什么长处？"这个问题一长串的答案。

抵达埃拉特时，还不知下榻何处。当时还没有度假旅馆，也没有路灯。只不过事先有人告诉我，城里有一对信主的犹太夫妇，他们可以帮忙。我除了名字，什么地址资料都没有。站在一片漆黑中，我向主祷告，祈求祂指引我去到他们住的地方。我感觉祂引导我走向山坡上的一栋楼房,因此便往那里去,结果,看到门铃下就有他们的名字;他们住在公寓的顶楼。我爬了好多阶的楼梯,敲门,有人应声:"进来——我们已经等你一整天了!"我问,是谁告诉他们我会来的,答案竟然是:"主在我们晨祷时告诉我们,要准备接待一位重要的访客。"那晚,我得以睡在舒适的床上。次晨,我发现那是他们的床,他们夫妇只得在厨房打地铺。盛情款待,不只是阿拉伯人的专利喔。

隔天,我搭乘一辆巴士往西奈山出发,结果,我又是惟一的外邦人。车顶上有好几个备胎。一路上都用到了,因为沿路上石砾粗硬,不断磨损轮胎,以色列百姓当年在同一条路上走了四十年,却是鞋子和拖鞋都没磨破。最后,一车人在伸手不见五指的暗夜里,抵达圣凯瑟琳修道院(St Catherine's monastery),却发现大门深锁,少数几位修士都已经入睡了。我们不断敲门,最后,才有一位起来帮我们打开工寮的门,让我们这些观光客可以暂时休息几小时,以便日出前去登山。修士的脾气不好,咕哝道:怎么没有人事先通知。然后,他指着那几道已打开的房门;我们看得出,那是上中下的叠床。他向我们咆哮着说:"男的往这边,女的往那边!"团员们不禁群情激愤,有一两位甚至歇斯底里起来。我走到他们当中,试着安抚排解。

隔天,我很早就醒来,因为有点儿爱管闲事,便到处走走、晃晃。附近有一栋石造建筑,我开了门进去,发现地板上有成堆的骷髅头，高及膝盖，都是修士的遗骸。我没告诉任何人，又跟大伙儿去登山。快到山顶时，遇见一个犹太女孩，正在大声地以希伯来语颂读十诫。我问她叫什么名字，她答说："米利暗。"我说："喔！你已经在这里好长一段时间了。"她大笑。

下山后，大家登上巴士，往回程的路上。我坐在双人座，另一个旅客很快地坐到我旁边，问我说："你总是那么平静，秘诀是什么？"我对这问题有点吃惊，因为，我的个性其实不是非常平和的。后来才恍然大悟，他是指昨晚，看到我努力安抚一群情绪激动的人。我说，我不太懂为何大家对那位没有耐性的修士那么激动。为了回答我的问题，他卷起了左边的袖子，给我看他上臂刺青的号码。他说，这辆巴士，全车的人都是德国大屠杀集中营的幸存者。当那个修士在黑夜中向大家喊道："男的一边、女的一边，进去工寮。"所有的人都不禁涌起他们被送抵集中营时，看了亲人最后一眼，从此天人永隔的情境。我为他们哭泣，庆幸他们没看到隔壁那间阴森森、充满骷髅头的房子，那一定会让他们当场崩溃。

好几年后，我去参观奥斯威辛（Auschwitz）的毒气室，成千上万被剥光衣物的犹太人，在此丧命。送进毒气室前，头发被剪光充作椅垫，补的金牙用钳子拔出，有刺青的皮肤剥下来晒干后作灯罩，油脂作肥皂，骨灰出售作肥料——有些人才抵达一个半小时就进去了。有位波兰籍的犹太人，带我去看华沙犹太人的社区故居，然后，再带我去特雷布林卡（Treblinka）。在那里，我们得走过一层以骨灰和炉渣铺的路面，因为有许许多多的犹太人被火化。在纪念碑前，我看见一群以色列的小孩，在哀悼他们的祖父母。我毫不害臊地加入了他们哀哭的行列。

对于以色列的画家和雕刻家，我感受到一股独特的吸引力，好像觉得，他们的想象力已带领他们非常靠近信仰，只差临门一脚了。

我在一间很小的画室，遇到"杰克森"（Jackson）。我从未见过如此残缺的身躯。他在以色列境内打过好几场战役，不幸踩到地雷，七零八落的肢体，后来是以绷带、吊钩和弹簧等拼凑回来的。在一副大型的放大镜协助之下，他做出一个个银质的小人偶，大约一英寸高，加上旧约的场景，再放上几块取自故事发生地点的岩石。他的背后陈列了数十个这样的作品，让我忍不住都快要干犯十诫了。他打开话匣子说：

"你为什么来以色列？"

"因为我喜爱圣经，还有另外一些原因。"

"你对圣经有多了解？"

"这个嘛，我已研读好些年了。"

"让我考考你吧——当神吩咐亚伯拉罕，将以撒献上时，以撒几岁？"

"十二岁吗？"

"不对，他三十出头！"

然后我发现，创世记紧接着记载的下一个事件，就是撒拉的死；那时，以撒是37岁。杰克森接着告诉我，以撒大可以一拳打倒他那年纪老迈的父亲，但他自愿顺服被杀。这其实更显出，这事件是一个典型的"预表"，预表耶稣就在摩利亚的山头受死被钉。杰克森接着给我看一套精细的迷你雕刻，包括成人的以撒（正如所有犹太艺术家的描绘）。亚伯拉罕手上高举着一把刀，以及一位天使伸手阻挡他下手。走笔至此，这幅作品现今就摆在我眼前。他说，让我保管，但所有权永远属于他。

还有一位画家名叫莫特克·布伦（Motke Blum），他的画室就在对街，靠近雅法门。他画了一幅印象派风格的耶路撒冷风景，非常美。朦胧中，你几乎无法确定，你看到的是地上的旧城，还是天上的新耶路撒冷（反正，天堂是没有圣殿的）。我简直爱死它了，便问要价多少。他上下打量我一番，坦白地告诉我说，你可能付不起（事实上，我有个朋友陪我去，他应该付得起）。我们问他，一万三千英镑可以卖吗，但他拒绝了，因为这是"我最好的一幅画"。接着，我们的对话如下：

"当弥赛亚再来时，祂一定会喜爱你的画，因为，祂爱这城。"

"倘若弥赛亚会来（他的声调有点戏谑），我就免费送给祂。"

"你是说真的吗？"

"我说什么真的？"

"你刚刚说的那句。"

"我刚刚说了什么?"

"你说弥赛亚如果来,你就要免费送给祂那幅画。"

"可是,谁知道祂会不会来?"

"我知道!"

"你怎么知道?"

"因为神在你们的圣经中应许了。神会差派祂来;神从不失信。"

他若有所思地看着我,便不再说什么了。隔天,我们团里有两位女士也进了那间画室,也问了画家那幅画的价钱。结果,他说,那幅画不卖,是要保留给弥赛亚的。她们很高兴地向我报告,不知道我早已清楚这事了。几年之后,我再度去看那幅画,却发现画不见了。我明白,画家在以色列维生不易,心想,他一定是在捉襟见肘下,不得已卖了。我便很快转身离去,不想令他尴尬。不料,他看出是我,便把我叫回。我说,我造访,是想再看看那幅画;但他指指天花板说,我把它放到顶楼去了。我以为这是他的推托之辞,便逼着他拿下来给我看。最后,他取来梯子,爬上一道暗设的门,把画拿下来。我惊喜之余,又羞又愧。我问他,为什么把最好的作品藏在那儿?才知道,许多人开了高价要收购,他也一再地动了心。于是,干脆把它束之高阁,只有神知道,而且,那也是为弥赛亚存留的。后来,他又画了一幅弥赛亚荣耀地降临橄榄山的画,非常美,并送了一张复制的画给我。

但是，为我的讲道注入新意的，并不是这些经历。我的动力来自于圣经，而不是情感上的触动。新旧约圣经关于"以色列的未来"有清楚的预言，使我深深信服。我知道我们的未来与他们的未来，紧紧相系、不可分割。我再也无法接受神学上普遍的"替代"神学说法：教会是神的"新以色列"，要把"旧的"取而代之。在我的新约圣经中，"以色列"这词出现超过70次，总是指犹太人，只有一个可能的例外（但只是把"和"改成"甚至"）。外邦信徒，并不是神重新栽植的树，而是把野橄榄树的枝子接在犹太原生的橄榄树上，与他们当中有信仰的枝子共同生长。保罗写的罗马书，整卷都在警告外邦信徒不要自夸，以为能够取代犹太的枝子；因为他们若不是继续活在神的恩慈中，也要被砍下来。

我对以色列百姓持续的关注，使我与主流的思维渐行渐远；我对以色列这地的支持，也加深了我的孤立。教会界，更多倾向于同情巴勒斯坦的诉求，因而更质疑以色列人民拥有应许之地的权利。但是，我想澄清的是：虽然人民与土地乃是互属的，不过我相信，他们对应许之地的所有权是无条件的；但对其上的居住权，则是有条件的，取决于他们能否公平公义地对待彼此与寄居其上的外地人。

因此，我并不是在支持以色列的对或错。事实上，某次在以色列的大屠杀纪念馆（Yad Vashem，位于赫茨尔山〔Mount Herzl〕上）外，对数百名犹太人和基督徒演讲，我就指出，在那个血洗的惨剧中，有150万名以色列孩童丧生。如今，这项纪录已被另一项追平：自1948年以来，以色列有同样数目的胎儿被堕丧生。不久，我去到总统官邸，介绍我的信仰。可惜的是，他在访谈结束时坦承，他是个无神论者！

虽然我逐渐成了众所周知的"以色列人"，但其实，这部分不过占了我的教导总量的极少比例：1200卷录音带中，只有15卷是有关以色列的（1.25%）。极端锡安主义的基督徒，只听我这一小部分的教导，而不听我其他的录音带时，这令我相当苦恼。说真的，我已经和他们有些人划清界线了，因我不认为，外邦信徒应该在举止行为上都像犹太人一样；我也不认为，犹太人不必认识耶稣就可以"得救"；我也不认为，犹太人自此不会再受苦难。最重要的是，我不接受像"时代主义论"（Dispensationalism）者对圣经所作的古怪诠释。这一派最先是由达秘提出，然后由弟兄会及五旬节派的圈子发扬光大。这主张，对锡安主义的基督徒有极大的影响，我称之为"反取代"（reverse replacement）神学。此派相信，教会要"被提"到天上的基督面前，教会地上的使命改由以色列接手。这种实质的分离，会一直持续到永恒；外邦人在新的天堂，犹太人在新的地上。但我相信的是，将来在同一位大牧人之下，只有一群羊，大家都在从天而降的新耶路撒冷中（刻有24位犹太人的名字）。

真相比你所写的更糟！

因此，对于这个议题（还有很多别的议题！），我遭到两边阵营的批判。有时我不免好奇，我是不是要保持中立才好。但是"无人地带"总是会孤单无助，而且，当两边都认为你归属对方时，更是痛苦非常。真希望他们能好好查考我到底说过什么，以及我现在说的是什么。尽管谣言满天飞，我还是不想改变我自1967年以来对以色列的诠释。最近，在东伦敦由一个弥赛亚信徒教会主办的聚会中，我讲的题目是："守约的神——既咒诅，也祝福祂的子民。"倘若以色列的幸存是个大神迹，那么，以色列的受苦就是一个大奥秘，直到神的公义被满足。那么，我们就不难了解，为什么祂会一直存留祂的子民，却又不保护他们免受大自然及世人最恶劣的对待；二者的高潮，都是在20世纪40年代临到，亦即大屠杀及成功建国。但这种两极化还会持续到今日、将来，直到他们完成蒙召的使命。

我常常巴不得自己的血管内，流着犹太人的血液。有些很了解我的人，甚至相信我一定有。我的两个孙辈有，因我的女婿是曼彻斯特当地拉比领袖的后裔。但令我更喜乐的是，我是亚伯拉罕的真儿子，因着神的应许，而与他的信仰有分。当那日，一切都在神所经营、所建造的这座城实现时，我们将可企盼一同居住其中的日子。

# 11
# 吉尔福德与密尔梅德

我原来并不想去吉尔福德的。有一个原因是，吉尔福德是国教主教所在的城镇。从萨里郡（Surrey）的通勤地带，新分出一个教区，加盖了一间新的大教堂。为了与悠久的传统一致，使用的是当地的建材（例如红砖头，是从附近的泥土烧出的，若用北丘〔North Downs〕的土，略嫌太软）。大教堂屹立于显著的山丘上，管控着全镇。这些设有主教座位的堂会，在教会界投掷一道阴影，因为某种程度上，它们对政治界和社会界来说就代表基督教国教，亦即官方的机构。我曾经去看过整个建筑工地，也找到浸信会教堂所在。外观上，那是十九世纪的哥特式风格，以灰砖建造，挤在一排店铺的后头。虽然吉尔福德当时的人口已超过六万人，但这教堂的面积，比我在查尔枫圣彼得事奉时的教堂还小，而且旁边没有副堂，只有一间很小的祷告室和爬阶梯上去的阁楼。

很显然，吉尔福德浸信会曾派遣探子来了解我，而探子的回报也很正面。总之，我收到一封信，问我可否考虑接受邀请。我迅速回说不考虑，因为在原地已经很适应也服事得很愉快，谢了！我也对主说，祂若要调动我，必须有两个条件——教堂要符合二十世纪的建筑风格，也必须是大学生会想踏进来的，因为我认为大学生关系着教会的未来。既然我认为吉尔福德这两个条件都不符，因此，我再度回绝了第二次的邀请。他们曾往别处寻找，却还是又回来考虑我。

不久，我感冒，病倒在床。妻子起床后下楼去，我则与主对话。突然间，对面的壁纸上出现了几个字，清楚得好像写上去似的，我可以辨认出是"吉尔福德"，不久后就消失了。妻子端着早餐上楼，还在吐司面包旁，放了一封早上送来的信。信封上就盖着"吉尔福德"的邮戳，还没打开，我就告诉她："我们就要搬去吉尔福德了！"这是他们第三次请求我了，要我过去碰个面谈谈。我开车去了，告诉他们我的决定之后，又听到两件令我吃惊的事。

第一是，应重建委员会的要求，他们很快就必须迁移（原地被征用作为小型停车场）。因此，他们要找新址，计划盖新的教堂。他们还问我，是否愿意参与这些额外的工作？还用问吗？！第二，他们觉得，应该为着将来会众人数增长作打算，考虑容得下大教堂旁新建立的大学里学生的需求。因此，我向主祷告的两个要求都达到了，不过，这是在我答应上任之后才知道。主总是有祂独特的方式，来考验我们对祂的顺服。

我们到任不久，就发现每次倾盆大雨后街道会淹水。有人开玩笑说，都是浸信会牧师到任造成的！我们搬进有史以来最好的房子，距市中心两英里，很适合青少年的孩子，有足够大的空间，又离教会一段距离。可是一到礼拜天晚上，就挤满了年轻人，甚至多到90人，他们都叫这里作"鲍森别馆"（The Pawsonage）。至于成人呢，我安排了每月一次的晚会（玩乐、游戏、晚餐），一次50位，直到每个人都能敞开心房、不拘礼节。这些方式，很快就能增进"一家人"的感情。

我决定把我在金丘的两种改革引进。我也发现，要进行重大改革，刚到任的头几个月就做会比较容易，因为那时大家都会期待有一番新气象。否则，后来再修这改那，难免引发揣测，是不是针对某个人而来。

我的主日学新方案，很快就被接纳，因为其实已经进行了一半。我的前任，他后来飞往美国田纳西州的纳许维尔，接手美南浸信会的主日学总部，但在此之前，他已引进一套全美式的分龄主日学课程。不过，成人主日学的出席率则零零落落，因为大多数人还是习惯只参加晚一点的主日崇拜。他们期待两种主日学都由我来教，两者合并，毫不费力；自此，就再也没有人想走回头路了。各年龄层的人一到教会，就分别去参加同龄的小组，一个小时后再聚一起，有半小时的敬拜。

虽然这个改变很容易，但另一个改革就难多了——引进长老制，取代执事制。问题在于：我坚持长老必须由男性担任（圣经列出的其中一项条件是："作一个妻子的丈夫"）。就我所知，圣经中，无论是教会或家庭，负领导责任的都是男性。可是，现在这个教会，在小小（六人）的执事会中，已经有一位女性，她的丈夫也是执事。他任司库，她带领姐妹会。虽然他们并不强势，但在表决时，他们一起作的同意或否决，影响很大。当我清楚表明，我无法同时接纳两位都成为长老时，情况就很僵了。他们坚持要我解释，我只能很不得体地说：我相信，教会过去的做法是错的。他们大为愤怒，双双辞去会籍，并在距教会几英里外的另一间乡村教会，担任起牧职。不过，我们还是走上长老制；由长老专心督责属灵层面，而执事则在教会的事务上，全心且有果效地各司其职。

当然，初期几年，我是以后来广为人知的"密尔梅德中心"（Millmead Centre）的服事为主，用好几种方式深度地投入。首先，是进行建堂规划。我们选了一位建筑师，他过去曾经帮好几间教堂进行整修（像是伦敦以及契斯特的圣保罗大教堂），也为新的教区作建堂设计。可是他个人尚未信主，他的观念也还停留在教堂就是"神的殿"，而未理解到这里乃是神子民的家。因此，他关切的比较是建物形式（高耸的屋顶），而非建物的功能（交谊厅）。但我们已成为好朋友，相互交换规划设计图，来来回回好几次。最后定案时，已综合了彼此的理念，皆大欢喜。最颠覆的做法就是，把"圣堂"（崇拜及宣讲的会堂）摆到最后边，前面看得见的都是活动区（交谊厅、游戏厅、餐厅）。因此，交互式的聚会多过静态的聚会，非正式的事工与正式的事工一样看重，肢体间彼此横向的关系和垂直与主的关系并俱。

我们特别关注大堂的规划，必须具备多种功能，既能适合音乐、戏剧的呈现，也能进行崇拜。又因为有坡度，所以座位呈阶梯式。最棒的设计是一个可以容纳二百人的区块，其间涵括了一座讲台、圣桌及偏在一个角落的受浸池。整个建物只有90乘110英尺，但具备的功能之多令人难以置信，从淋浴设备到管理室不等。我甚至连做梦都想到它。有天早晨，我太太跟我说，昨晚睡梦中我一直在说话，好像发生不寻常的事。我说的是："我们一定要有一套给残障人士使用的厕所。"我们真的是忽略了。这是我所知道最应该做的设施。后来，一直有人来参观我们的教堂，就是想要照单全收放进他们的规划中。

其次，便是筹款。那时，建筑师最保守的估计，也要十七万五千英镑，这在当时是相当大的一笔款项。建堂的难题是：这一代的信徒辛苦筹款，好让下一代的人可以享用成果。想到这里，不禁从脚底凉了起来，就怕这会成为拴在我们脖子上好多年的一块大石。有时会想，还不如去租个现成的建物算了，不要自己投资那么多。但是，在一次会友大会中，这个问题解决了。有两个人传达了他们从主领受的话语，这便挑旺了我们的信心。一个非常热心的老师说，他相信主应许会供应一切所需，当新堂建好开始使用时，一切费用就必付清。另一位女士也说，为了证明这话的确实性，会有另一个意想不到的财源，必有人捐出首笔的奉献二万五千英镑。大概一、两个礼拜之后，我就给她看一张支票，上面就是这个金额，那是一个富有的基督徒奉献的。他从未来过我们的教会，也不属于我们的宗派。但是，其他经费我们还得分头寻找。

仿效当年以色列子民为会幕奉献的模式，我也请求每一位会友，捐出某些自己所珍惜、对别人也有价值的东西。当地的一名拍卖商很受感动，愿意提供拍卖场并帮助拍卖。我也请求每一位会友至少筹款五十英镑，如果实在想不出办法就求主赐下。有一个近乎眼盲、靠救济金度日的老妇人，对我这样的提议很不满。可是，回到家、坐在壁炉旁，她还是闭上眼睛向主祷告。打开双眼后，她看见壁炉上有一些铜器和装饰品，在阳光下闪闪发亮。她把这些收拾收拾，往邻近的旧货商店去。其中大多是只值一、两英镑的东西，但有一件是古董。她回程的路上，已经有了四十八英镑。结果，她是第一个捐出五十英镑的人。高兴之余，她告诉我说，她从未想过自己竟然可以在给予上服事神，从今以后，她下决心要继续操练"给予"的功课。她后来又捐了五次，一共捐出三百英镑。可惜，教堂尚未完工，她已去世，来不及目睹盛况。但，说不定她可以从天上俯瞰呢。

我们觉得，每个月都要立即付清款项给建筑公司，这是关乎信誉的问题。因此，我们便去接洽我们国民西敏寺银行（NatWest）的贷款经理，盼能在手头拮据时，助我们渡一下难关。但那时正是财政上银根紧缩的时期，所有放贷都被迫停止。不过，他隔天跑伦敦，在一个停车场找到他的顶头上司，结果批准了，提供我们35000英镑的贷款额度。18个月后，他打电话问我说，"你们什么时候要动用这笔款？"我很不好意思地告诉他，我们不需要了，主已经供应我们一切所需。我向他道歉，麻烦他那么多。他并不是基督徒，可是后来他也在我们教会作"见证"。他注意到：我们的户头，每年12月21日都会提领一空，从明细可知金钱去向。因此，下个年度，我们又一起带着信心，重新面对精心拟订的预算，努力在年底达到收支平衡。结果，最后一笔建堂基金，就在教堂启用之前进来，完全零负债。

第三件，是有关建筑本身。我事实上承担监工的职责，每天都要到工地察看，坚持每一个地方都要按图施工。我曾要求，磨石地板的排水系统，要位在交谊厅正中央。礼拜堂的地板，座位阶梯的棱角，就曾打掉重新做了三次。但我对这些乐此不疲，痴迷于看到设计图逐渐成形。至今我仍和建筑师波特（Robert Potter）保持联系，他现已九十多高龄，仍然很活跃（译注：已于2010年11月去世）。他后来也替灵风坊的万灵堂进行内部整修，在地板和地下铁路隧道中间，硬是挤出一个绝佳的聚会空间。他和夫人看到密尔梅德的"神迹"之后，都信了主，后来，更以100英镑的"巨款"买得城中河岸边的一块"精华"区。我也养成一项嗜好,继续作教堂设计。或许我最好的作品,要算"考同公园基督徒中心"(Coton Green Christian Centre)了,你若从 A513 塔姆沃思(Tamworth)开往在特伦河畔的伯顿(Burton on Trent)后,右边最后一栋建筑物就是。另外,还有一栋在海积尼(Hedge End),从 M27 开往朴茨茅斯(Portsmouth)方向,靠近七号交流道附近;不过,这一栋还在等待兴建主堂。兴建教堂不等于建立教会,更谈不上扩展神国了。这可能成为事工上的助益,但也可能成为一个绊脚石。

与教会息息相关的,其实就是人;过去如此,现在如此,将来也一定如此。密尔梅德中心开幕之后,每个礼拜的每一天都在使用,从残障俱乐部到工会的聚会不等。我们就是要与市民共享。这栋建筑我们也会准备不同的节目,搭起和社会互动的桥梁。我们有戏剧小组,周六晚演出精彩的戏剧时,总是高朋满座。这些戏剧,也多半可与主日崇拜作初步的联结。其中一个,就是由我女儿挑大梁演出"安妮的日记"(The Diary of Anne Frank),她外型酷似安妮。我们曾把照片寄给安妮幸存的老父,老人家住在瑞士奥托(Otto),他感人的回信,我们在每次演出时都会读给观众听。另有一出音乐剧《国王的孩子》(Children of the King)演出好多次,历久不辍,总共有一万人次观赏过。我们也举办过为期三天的艺术与雕塑节庆,每晚都有音乐会,全由会友担纲筹划。许多来宾都非常诧异，基督徒也可以做出这么有意思的事情。我曾鼓励一些人，成立"男生四重唱"，即使好几十年后的今天，"百万继承者四重唱"（The Millionheirs'）的服事仍然很受欢迎。我百分百推崇"福音预工"；我们要领人悔改归主之前，要先与对方建立关系。我父亲最喜欢讲的一句话就是："登上一个人的灵魂之船前，要先想办法靠近他。"

我们其实很少举办"布道性"的聚会，我也很少作"讲台的呼召"（altar calls），即使浸信会很习惯在浸礼之后呼召。因为我们发现，先和人作朋友，把他们带来聆听神的真道，使用与对方切身相关的方式介绍出来，就能让圣灵动工，使人知罪、悔改归主。几乎每个主日结束，都会有人悔改信主。我们每个月的第一个礼拜天晚上，都会为好些人施洗。开始先有浸礼，结束时则围绕主桌，守圣餐，意在强调：这是受浸加入一个身体，大家互为肢体。受浸者有擦干身体、更衣的时刻，在他们返回前，我们就有讲道和祷告。受浸池中总会配搭两名同工，我邀请会友与我同工，意在强调并不是由某人施浸。有一个同工分享，他深刻体验到那种为人施洗的属灵意义。这话令我十分惭愧，因为我几乎已经变成例行公式，以致剥夺了别人的这份特权。

一如大多数的教会，牧师总是被期待要"主持"婚礼和丧礼，后来我连这部分也授权出去。我和镇上的葬仪社有了默契，只为有实际聚会的基督徒主持丧礼和火化（耶稣的确说了："任凭死人埋葬他们的死人"）。我也从不觉得，丧礼是个布道的好时机，因为你很难拿捏得恰当；讲得太少不能带给人安慰，讲得太多又令人反感。对于基督徒的丧礼，我总是尽力带出一种喜乐的氛围。我们赞美神，而不是对死者歌功颂德；我们欢庆信徒现今已在主里安睡，未来有复活的盼望，而不是感伤的回忆。

我们的会众人数一直增长，不得不拓展座位容量，于是在游戏厅搭设闭路电视。但许多人还是情愿坐在礼拜堂的地板上。晚崇拜一位难求，需要提早四十分钟才有位置。有许多访客，若不是如他们所说的来"充电"，就是出于好奇，好像示巴女王来目睹耳所听闻的。但我们严格限制，会籍只给本地会友申请，以防有些人舍去自己不错的教会来加入我们。曾经有一整批人，从一个主要教区的教会涌过来，我便直接去找这位教区牧者说，我反对偷羊，甚至羊儿在羊群中走岔了路也不行。他谢谢我告诉他这事，但接着解释说，是他派他们来学习的，看他们能学到什么，回去时可以拥有新的经历和热情。我对麦可（Michael）说，他比我更伟大，因为，我可从来不曾想过，他能对我们的会友提供什么。只是我没说出口的是：那是因为他走的是自由风格的天主教！他的会友们回去时，带了一批我们的人同去，开始家庭祷告小组和查经班。严谨浸信会（Strict Baptist Church）的牧师指控我，偷了他几名会友。我向他指出，

## 吉尔福德与密尔梅德

我们教会正有四个人要去他那儿呢（他们不喜欢太庞大的会众！），所以我们不过是扯平而已。

主也呼召我们要去帮助镇上的其他教会。一开始，经对方同意，我们先派晚崇拜五分之一的会众去别的教会，有时候，甚至会超过他们晚崇拜的会众。我们的拜访非常受欢迎，通常还会接着供应晚餐。我们的声势成长，不免造成鹊占鸠巢，惹人厌烦。所以我们特别注意避免引起这样的冒犯。我们教会周报的刊头写的是："浸信会密尔梅德中心——基督在吉尔福德的一个肢体。"我们不需要去定义我们认为其他的肢体是什么，但我们极力避免傲慢自大，若取名"吉尔福德基督徒聚会"，好像意味着只此一家，别无分号。

然后，有一天，在每个月的会友大会中，有人传来一句话说，神要我们和镇上的其他教会分享我们的经费。那个阶段，我们每年收到的奉献，已经从六千英镑增长到十万英镑。这些钱，我们提拨三分之一作海外宣教和其他值得支持的事工，但从来不曾支持当地的其他堂会，不论他们有哪方面的需要。因此，我们便找我们的银行经理（凯撒大帝！〔Julius Caesar〕）开了一个新户头，很快便涌进数百英镑。问题是，要怎么用，才不会给人一种高人一等的感觉。不久，一次的台风刮走我们附近一个罗马天主教堂（并不是另一个较灵恩、与我们已有些联结的天主堂）的屋顶平台。我们过去不会想要把捐款作这样的用途，但主这么想啊。当我要把一张巨额支票交给神父时，他几乎不敢置信，一直说，这必然是世界头一遭，浸信会在财务上资助天主教！然后他说："你们就是那个圣经教会，对不对？"他承认，他自己和会友对圣经都不熟悉。他问，我们有没有人可以过去帮忙，教导他也教导会友圣经。我们十分乐意帮这个忙，仔细遴选了一个小组，由长老带队出马。

他称我们为"圣经"教会的原因是：我们近期才完成一个"24小时公开接力读圣经"的运动。从礼拜天晚上到礼拜四早上，一共80小时。每个诵读的人，要签名承诺花15分钟，聆听前一位及后一位的诵读。我们选用比较口语化的"现代"译本，易读易听。这个运动，共吸引凝聚了2000人参加，也售出半吨的圣经。有些人晚上时段进来一个钟头后，隔天上午又来。"让我再听完一卷，然后就走"的呼喊声不绝于耳。许多人的生命被感动、改变了。我想起两个例子。

有一名妇人，签名登记了一个时段，准备之后就要去找律师办理离婚手续。结果，她读的是玛拉基书（"主说：我恨恶离婚。"译注：2章16节直译）。于是她没去找律师，至今还和丈夫在一起。吉尔福德的市长，艾德曼（Alderman Sparrow），是个挂名的天主教徒。他也来询问，可否代表市议会参加这个独特的活动。又问我们介不介意他戴着办公室的金链子来？我们当然不会介意，倘若他要戴别的也没关系！我们发现他登记的是星期二下午三点半的时段。他本来说，会邀太太一起来，但她没来。原因是太太那天早上黎明即起，煮饭、打扫，忙着接待不速之客；结果，市长读的就是箴言第 31 章，整段都在讲一个贤惠的妻子如何持家有方，而"她的丈夫则在市议会，与市政首长同坐，为众人所认识！"。他大乐，当场买了一本圣经回去，要读给夫人听。

我讲的都是一些精彩的片段，但这当中，牧师其实要做很多平淡无奇的牧养工作。礼拜一晚上，我会开一个"门诊"，任何人都可以登记，和我单独谈半小时，就是希望谁有需要时，都可以直接来找我。礼拜五晚上，我则是开"课"，让预备受浸及入会的人可以提问。周间其余的时间，首要任务是预备两场主日的信息。

我写出这些例行的工作，是因为许多人误以为密尔梅德只是个讲道中心，密尔梅德的会众，只不过是讲员的粉丝俱乐部。差太远了，我最主要的目标，是在当地建立一个属神的家，要在当地社区产生重大的影响。一个有新闻专长的年轻妈妈曾经问我，当她必须留在家时，是否能为教会做些什么。我帮她设计了一系列有关教会的报导，可以每周在当地的报纸上发表。这并不是例行性的教会活动报导，而是真人实事、引人关注的故事。她做得非常好，整个城都在谈论我们。

但人数增长本身也会带来问题。叫不出名字是经常有的。在座椅间常会听见这样的对话："你只是路过的访客？"回答却是："不，我已经入会两年了。"一般人平均只能记住大约两百人的名字和脸，而我们的会友已经达到一千人，包括男女老少。最大难题便是恩赐的培养和训练，无论是家庭小组或大型活动，后者尤其需要较成熟的领导和服事。解决方案便是，分地区，发展出一个中间层。因此，在四十多个家庭小组中，以大堂崇拜为核心，设立五个"牧区"，每个牧区有两位长老。这些牧区有各自的聚集，特别是主日晚上，地点无论是在会堂另一个聚会空间，或城里租借的场地都可。后来，有些教会学者便称此为三阶系统（triple-tier system）：细胞小组、牧区聚会及全体崇拜；理想的人数分别是二十人、两百人、两百万人（人数最多的记录，是在韩国机场跑道的一次聚会）。绝大部分的"教会"生活，都是在牧区（入会、婴儿奉献礼、牧养关怀等等）。在牧区中，正好可以让大家认识彼此，而"业余"的讲员和歌者也可以获得鼓励，在一种支持的氛围中操练发展各自的恩赐，直到可以面对更大的场面。但我们也要很小心，有了三阶系统的聚会，也别让会友的时间表排太满，因此，我们又想出一个微妙的平衡法。例如，家庭小组聚会就减量，从每周聚会减为两周一次。

这个系统的成效很好，尤其在事工发展方面，相较于一大群会众，在这样的小群体中，可以发展出更多的事工。相形之下，尤其需要更多全职同工投入训练的层面。提到这个发展之前，我不能不表扬两位同工，除了我本身承担大部分责任之外，他们替我分劳许多。

路得·韩秀（Ruth Henshall）从福音联盟（Evangelical Alliance）过来作我的个人助理。甚至在新的中心尚未完工之前，她就用一辆开到工地的拖车，布置了一间"教会办公室"。她为我提供和众人间十分有效的联结，与每个人都相处得十分融洽，处理行政又快又有热忱。密尔梅德之所以能成为令访客或服事者这么愉快的一个地方，她居功至伟。唐·马丁（Don Martin）在每方面都是个了不起的人。他曾在"能多洁"（Rentokil）灭虫公司工作，专门处理植物的干腐病（dry rot）。他来应征我们刊广告寻找的大楼维护与管理员，需要住在那里，照管整个中心。这是吃力不讨好的工作，在这么多不同的人和机构使用之下，要保持整栋建筑干净整齐何等不易。他是个绝佳的巧匠，我们因此改善了许多设施。他也是我所知道惟一的一位大楼警卫，当流浪汉来敲门乞讨时，他愿意让对方洗个热水澡，洗净烘干他的脏衣服，再给他一顿热饭吃；这一切，都有他可爱的妻子同心付出。他还是个灵巧的木匠，因此，我们派他去拿撒勒，帮当地一所阿拉伯医院增建一栋侧翼的建筑。他从没乘坐过飞机，更别说到国外去。这是他生命中的大事。我和路德及唐在中心同工的日子，真是甜美的回忆。

我们有一群充满恩赐的长老团队，共同分担监管这个增长中的教会，但也因此限缩了全职同工的人数。不过最后压力愈来愈大，我觉得非增加全职同工不可。应征的人一直都不缺，而我也是在这个阶段，愈发显出个人的软弱。我很不会选人，也不懂得授权。长话短说，我既不是一个好的工作伙伴，更不是个好的团队领袖。

我曾犯了很严重的错误，让人受伤，对此我深感懊悔。最严重的时候，我有好几个月是处于崩溃的状态，稍后再专章详述。生病逼得我只好把工作交给两位同工；我们年轻的牧师以及另一位女同工。他们负责整个教会的运作，直到我康复重返。

我不禁怀疑，未来是否要继续留在这个教会。我可以清楚看见教会的下一阶段，可能或应该会如何发展，但我怀疑自己是否能带领他们走下去。我透过传讲耶利米书表明自己的方向，有两次不得不暂停这个系列，因为我在情感上太过认同耶利米了（至今他仍是我最喜爱的圣经人物）。当我讲完应该是这个系列最后的最后讲道，会众的回应颇令我吃惊。有人告诉我说，我的讲道"淹没了他们的头"。我以为他们是说，我讲得太理性、太抽象、太深奥了，但他们解释并非那个意思。他们愈来愈觉得，我的讲道不再像是牧者分粮喂养他们，而是在预言教会以及国家的未来走向。有一两个人说："我们最后还是得放你走的。"这是我在此服事到最后一个阶段的兆头，虽然我当时尚未领悟。

我在最后还有一个实质的贡献，就是规划了扩建的设施。我们又盖了第二层楼，增加迫切需要的聚会空间以及同工办公室。我自私地替自己规划了一个阁楼，作为个人的房间，有绝佳的景观可以远眺河边及全城。当这一切在增建时，我站在那个房间里，想象这将会是个绝佳的工作环境。

## 吉尔福德与密尔梅德

结果,我没有机会进驻。有另一个呼召使我无法如愿。不过,我要先提到在吉尔福德时,其他领域的事奉。从某个角度来看,我在此地的这个时期,是我"生涯中的高峰",我会一直感激教会的弟兄姐妹对我的忠心支持。但他们和我都想不到,密尔梅德中心有一日将成为"神的道"的传声筒,将神的真理传递得更远、更广。

# 12
# 多方服事

我不擅长布道。人明白自己的恩赐为何，并且好好地守住，才能有令人满意的事奉。偶尔会有人请我在福音性的聚会中谈一点"福音"，但是到头来，我和邀请者都会觉得那是个错误；即使主仍然让我很荣幸地有一些果子。我无法只讲十字架而不讲复活、升天、再临，还有最早的道成肉身；尤其困难的是，我若不能确定听众是否真的认识神是怎样一位神，那我就无法谈到耶稣。因此，我就是没办法传讲一些人所谓"简单的福音"，尤其是短讲；足堪告慰的是，这连使徒也办不到。

然而，我却非常喜欢对未信者传讲真理，总是抓住每个机会这么做。牧师很容易就会像是活在象牙塔中：透过一座"离相反言论六英尺高"的讲台，来和一群"已经悔改信主的人讲道"。但是，能面对意见相左的人和自我的质疑，才是更具挑战和刺激的事。圣经劝勉我们，心中要有一个盼望的缘由；公开迎战可能会使我们的信仰动摇，但也可能因此变得更加坚固。

或许因为大家知道我喜欢这样的挑战，因此我经常受邀参加一些公开的辩论，立即浮现脑海的记忆就有三次。

一次是在吉尔福德大学一座颇大的演讲厅，听众是学校的学生和老师，辩论"人文主义和基督教孰优"。对手是著名的教育学教授，一个无神论的犹太人。由他先发言，在一段精辟的演说之后，他下结论说道："因此，我相信人类能够，也必须解决他们自己所有的问题——倘若人类实在不行，再求神帮助我们吧！"这句话引起一片哗然，也爆发掌声，他却满脸困惑。很显然，他还没意识到自己最后说了什么。我一上台便说："我是一个传道人，我要把刚才演讲者的最后一句话，当作我的讲题："求神帮助我们。"就技术面而言，我们赢了，其实是他一开始就输在大意抛出的那句话上。

另一次，是在律师学院，席间有一百多位律师，辩题为："耶稣是个骗子、疯子，还是主？"罗格·福斯特（Roger Forster）和我代表一方，反方是名心理学教授，深信耶稣是个自欺的精神病患；还有一名英国人道协会的主席，他说耶稣是个故意骗人的骗子。我们聚焦在耶稣复活所引发的关键议题，以及目睹者的见证和客观证据，也就是足以说服任何陪审员的证据；结果，在场的律师相较于其他专业人士，有更高的比例被说服。票决时，5%认为耶稣是疯子，10%认为是骗子，85%认为祂是主。

最令人难忘的，是在伯明罕大学的那一次，由学生举办的一场正式辩论会。我代表正方"耶稣是通往神的惟一道路"作主辩，很晚才接获通知。反方主辩是出了名的难缠的神学教授约翰·希克(John Hick)，他写了一本声名狼藉的著作《上帝道成肉身的神话》(*The Myth of God Incarnate*，暂译)。结果，他在会前的晚宴中还穿了晚礼服出场，他的助辩项间还戴了一个大型的木质十字架；我和我的助辩则穿一般西装打领带。看上去，还以为他们是正方代表呢。当我们往人山人海的辩论厅走去时，学生会主席向我们表示，他没料到宗教议题会引起这么多人的关注。辩论过程十分激烈。有一个自称是共产党员的人，向我咆哮嘶吼，我本想反击回去，但我停了一下、问主：你对这人感觉如何。令我诧异的是，我的眼眶满了泪水，我为他这样的愤怒而落泪。因为我是正方主辩，可以上台讲最后一段话，在辩论过程中，我原本就已预备好一篇句句命中核心的要点。但主不要我讲那些，而是让我看见一个异象，要我单单把它讲出来。

我看见在一个市场上有一群人，正围着一个罩着布帘的舞台观看木偶戏。大家七嘴八舌地讨论说，这些木偶怎么会动。有个穿白色实验衣的科学家解释说，你若走得够近，一看就知道有绳子在牵引着。有人问说，是谁、还是什么在牵引这些绳子时，他藐视地回说："没有谁，也没有什么在牵引；这些绳子自己会牵引自己啊。"大多数的群众都无法接受这样的答案。于是又七嘴八舌地讨论：布幕后头可能有谁在牵引这些绳子。一个印度人说，布幕后恐怕得有千百个人才行；一个阿拉伯人坚决认为，应该只有一位。有一位穿着神职人员制服的说，每个人的想法都对，谁也不能斩钉截铁地说布幕后面是谁。众人对这个答案颇为满意，这样一来都不必再吵，和平收场。

木偶戏演完了，群众散去后，只剩下一个乞丐，巴望着谁能施舍他一两毛钱，可以填一下辘辘饥肠。这时候，布幕后头跑出来一个小男孩。乞丐问他，刚刚的木偶戏是不是他演出的，小男孩说不是，是他爸爸，又说："你若想认识他，我可以带你去。"乞丐很想，也可顺便问问他父亲，今天收到的打赏金，可否分几毛给一个几乎饿扁的人。见到他的父亲后，对方的回答令他不敢置信："我收拾这些木偶的时候，我儿子可以先带你回家，有丰盛的一餐和舒适的床在等着你呢。"

那天晚上，当所有的人都躺在床上时，不禁想起白天的木偶来。科学家自言自语地说："我相信，没有人在牵引这些绳子。"印度人和穆斯林则各自确信，牵引绳子的人数是自己想的才对。神职人员觉得，自己实在是个成功的和事佬。但只有乞丐拍着肚皮，想到这是他这些年来吃到最好的一餐，靠着柔软的枕头、拉上被子，他沉沉地进入梦乡。

我真不敢相信，自己什么时候见过这一幕了，更别说讲过这样的故事。我是不是精神错乱了？这些知识分子又会怎么说呢？他们居然听得鸦雀无声。我以为他们会无动于衷，没料到却如此入迷。我渐渐明白，这个故事让希克教授的相对论变得十分可笑。主席将我的动议付诸投票，五人中有四人支持我们（亦即：只有神的儿子可以引导人，去那位看不见的父神面前）。但主席却宣布："动议无效！"有人立刻抗议喊道："动议成立！动议成立！"主席便道歉说，他一时"口误"，请原谅，并解释道，他原先没料到正方会获胜。最后，约翰·希克不发一语夺门而出，我面前则有一群人列队想和我谈话。排第一个的是一名医学生。他告诉我，他进场前是不可知论者，现在要离去时，已成为"相信主"的人。我和人们谈话好久，直到大多数人都已散去。几天后，我接到一封信，是该校福音团契的学生写来的，说，他们听闻我的"胜利"，问我是否可以到他们的聚会中分享？甭提了，他们在辩论会时甚至懒得到场替我打气，这事我恐怕要敬谢不敏了。

"外展"的事工还包括游行见证，高潮是室内或户外的公开聚会。

其中一次是在伊尔福德（Ilford），复活节前的周六。我和妻子先在受难日周五早上，沿着麦尔安德路（Mile End Road）开车。路上交通一度中止，因为附近有一间新盖好的清真寺，信徒正从前门涌出。其中有数百名壮年男子，大摇大摆、丝毫不觉忸怩地走在路上，毫不掩饰他们穆斯林的身份。隔天的基督徒游行也很不错，有许多妇女和小朋友、青少年和老人——但明显看得出，没有什么壮年男子在内。比起穆斯林群众，他们甚至还谈不上为他们的信仰"作见证",实在是强烈的对比。这时,我问身旁的妻子:"倘若要你下赌注,这个国家未来的宗教是哪一个,你会把钱押给伊斯兰,还是基督教?"她毫不犹豫地说:"伊斯兰。"我记得,当神数点以色列民时,男丁要超过二十岁,才能为祂出战;成立一间犹太会堂,则必须至少有十个男丁(是不是因为耶稣建立祂的教会时,训练了十二个壮丁作门徒,犹太人也因而称祂为"拉比"呢?)。我发现,这样的思考,有助于我们去评估基督徒群体和聚会的"影响力"。

我参加的另一次游行,就近乎一个"惨"字可形容。最初是由赫尔的一名公交车司机艾迪(Eddie)发起的。位于赫尔河的金斯顿(Kingston),本来一直是个保皇城(King's Town)。但1641年时,在首相霍坦(John Hotham)的"阴谋"率领下,为了反对国王查理二世(King Charles II),关闭所有的城门,几年后他也被斩首。公交车司机的想法是,绕着城墙游行,宣告城门是为万王之王而开;到最高潮时,一起汇聚于教区的主教堂,然后请我作短讲。我很乐意,尤其是因所有的宗派都受邀,大家也都答应参加。

但是,会前一周,艾迪打电话过来说,聚会要取消了。因为谣言四起,说,这是企图再发动十七世纪的"反天主教"运动,因此,天主教会决定退出。结果,圣公会、卫理公会和其他宗派也接二连三退出。教区教堂也取消了我们预定的使用权。我告诉艾迪说,这纯粹是

## 多方服事

撒但（撒谎之人的父）的企图，为要削弱我们的见证，因在筹备期就已引起广大的注目。我对恶者真的十分生气，因此，下决心要正面迎击这样的搅扰。我告诉艾迪，我还是要去；即使只有我们两人，还是要游行。我又告诉他，最后的聚集改用别的方式。那天是银行日，我们走到聚会点，正好在威伯福斯的纪念铜像前。街道已清空，但许多转角处仍有警员和警车待命，预备把滋事分子逮捕运离现场。事前的谣言，使他们预期会有暴动！结果，大约有24人参加我们的游行。我们把大家排成一列长而单薄的队伍，试图减轻不显眼的印象，但不怎么有效，因为沿路的警察比我们还多。他们一脸不屑地看着我们热情的队伍，心中不免气愤，还要来加班、出这个不需要的任务。我们在每个"城门"口高举耶稣的名，然后走向市政厅，这是替代方案。等待我们的群众中有许多觉得很羞愧，因为他们竟然听信了谣言。来自不同宗派的传道人也在，大多数都变装，穿戴平信徒的西装领带。当我演讲，谈起赫尔真正该有的方针和福音的需要时，我请传道人一一上来，与我一同在讲台上。结果，当地电台向市民播出这整整一个小时的演讲。算是不错的结局。可惜，后来发生了一件憾事。艾迪的年轻妻子在火炉边意外丧生。她的丧礼很特别，许多传道人都参加了，许多教会也发动很多会友参加，可能想对上回打退堂鼓的事聊表歉意吧。

我也曾受邀在法律专业人士的年会中讲道，地点是

## 真相比你所写的更糟！

伦敦皇家法院外的一间教堂，一栋以回音干扰著名的建筑。当我知道，针对此问题而设置的音响设施，要等会期一个礼拜之后才会装好时，甚觉难安。丹宁爵士（译注：Lord Denning，英国著名法官与律师）负责读经。高悬的讲台，酷似法庭中的被告席。当我爬上去，面对在座的全是法官、书记和律师时，我好像是在受审。我一开头就说，有人告诉我，这栋建筑里的不可知论者（agnostics）很糟糕。这是风向球，结果没半个人牵动嘴角，遑论笑出声来。即使他们都没戴假发、穿法袍，看起来仍是一群冷峻的家伙。我就这样开始讲道，讲的是罗马书第8章："律法不能做的事，神能够……"我的主旨是，律法可以惩罚、阻止，但律法无法使坏人变好，使罪孽转为公义，使罪人变成圣徒。只有神和福音可以办到，而且时时都能。最后，我们聚集在"厢房"举行餐会时，一位律师把我拉到一旁解释，为何一开头的笑话没有人欣赏。这不可知论者（与"音响效果"acoustics发音相似）的笑话，其实是丹宁爵士最爱讲、最常讲的，尤其是在那栋建筑里！我相当难为情，决心再也不用了（虽然我后来还是用了）。

我也曾到法院出庭过，支持无辜者也支持被判刑者，从老贝利街（Old Bailey）的诈欺案，到刘易斯法庭（Lewes Crown Court）上审理的谋杀案。后者，是一位药剂师和一名护士，被控谋害药剂师的妻子，因为她在重摔后受到不当照顾致死。我确信这名护士是无辜的。

这件案子广受注目，尤其是当该男子被判刑，而护士获得释放。媒体包围我们家好多天，没有猜到她就躲在楼上的一个房间里。最后，他们同意撤离，只要我肯出面受访，谈谈我为何介入。这是我惟一的一次，登上《每日镜报》（*Daily Mirror*）的头版。

我也曾进过监狱，但只是去探监，向狱友讲道。在一所高度戒备的监狱里，有神非常显著的工作在其间；整栋牢房的人都被翻转，每一个狱友都成了信徒。狱卒几乎派不上用场了。这些犯人，绝大多数是判"终身"监禁，犯了如谋杀、贩毒等罪。我发现，他们对圣经的教导非常渴慕，也很容易吸引他们的注意力。有一次，我讲了好久，一名守卫冲了进来、打断我的话对我说，狱门在几分钟内就要上夜间锁了，除非我想要整晚留在"里头"。我当然不想！我告诉他们，他们若继续信靠主、渴慕祂的义，有一天当耶稣再来作王时，他们也会以公义来服事别人，当时他们脸上的表情，我永远不会忘记。我也见过一些凶恶的罪犯，因着神的恩典，不仅被更新，人也改变了。其中像克里斯·蓝布利阿诺（Chris Lambrianou），他与克雷（Kray）兄弟帮派，因共谋犯下杀人案而入狱。他后来与我在广播节目中相遇，我们几分钟内就成了朋友。

另一个不太可能和我产生交集的群体，是吉普赛人。我指的是真正的罗姆人（Romany），而不是选择以流浪为生的族群。圣灵在他们中间，从法国、西班牙到英国，都有非常显著的工作。按他们族群的人数来看，信徒的比例算是比其他族群都要高。我曾和另一个朋友去探访临近莱斯特（Leicester）的一个营地。每一辆拖车上都贴了耶稣的贴纸。有一间谷仓，过去停的是马车，现在改造成教堂，里头排满了各式各样废物利用的座椅。我们坐在一辆拖车上，小孩和狗不断地冲进冲出，我们的主人看着我说："你真棒（You're gorgeous）。"我不太知道该怎么回答——直到我弄懂了，他说的是gaujes，意思是指"非吉普赛人"，就好像"外邦人"是指非犹太人的意思。他们的祷告也撼动了我。他们称呼"主"时，使用的字眼听起来好像"魔鬼"（Devil）。但是，他们真诚的悔改和信心，却是令人难忘也令人汗颜。他们弃绝许多的事，像是谎言、偷窃、占卜等。虽然他们可能教育程度不高，但有一种灵巧的智慧，可以看穿人的伪善。其中有一位会定期打电话，与我核对他的解经作业，我几乎不用作什么改正！圣灵就是他的导师，赐给他非凡的洞见和精确度。

连未信者也很喜欢安排并参加圣诞的诗歌聚会，我就获邀在各式各样的圣诞聚会中讲道。通常的模式是这样：数百位在圣保罗大教堂周边的企业老板、上班族，会在附近的另一个教堂举行圣诞聚会。但我很少获邀第二次，因为主办单位发现，我的圣诞信息不合他们的胃口。一方面，我会打破情感的迷思，让他们很扫兴，因为我的信息只讲真实发生过的事实。另一方面，我总是会提到耶稣要第二次回到地球这个更严肃的目的；那时，所有的人要面对的就是"这人"，而不像当时和现今的世界所迎接的只是婴孩。我一点也不想成为广受欢迎的讲员。我对听众说的，是我相信他们需要听到的信息，而不是他们想听的信息，又或者是我认为神要他们听到的信息。这往往导致我所谓的"两次造访"——头尾合并为一次！妻子常常在迎接我回家时会说："又是一次二合一拜访？"

我喜欢到中学、大学讲道，年轻人的心对新思想比较敞开。有一所公立高中，最初因伊斯兰教人士多次拜访，而对伊斯兰教热衷起来。该校宗教科的主任宣称自己是无神论者，但另一位职员则力邀我去迎战这一情势。我有十五分钟的时间，要向学校老师及八百个男学生演讲。我单刀直入地说："世上所有的宗教都可能错，但只有一个可能对。"针对几个主要宗教的基本议题，我聚焦在它们之间不可磨灭的差异上：

神是有位格的吗？（是祂，还是它？）

"神"包含了几个位格？（一个、三个或千万个？）

我指出，"安拉"不可能被称为"父"，因为他从未有儿子（Son）；他不可能是"爱"，因为他只有他自己一个位格。我讲完后，爆出一阵掌声，吓了校长一跳。那位无神论的宗教科老师，后来允许我整个上午都到他班上，随便我做什么。他又告诉我，如果有一天他变成基督徒，他要成为我这一型的。大家对伊斯兰教的热衷，自此明显消退。我自己对此结果很诧异但也很小心，将功劳归给当得的那一位。若不是主，我根本没有任何东西可说，更别说有什么清楚的论述和确据带出影响力了。

有些福音派人士很吃惊，我竟然也在罗马天主教主办的聚会中讲道，包括海内外。我为自己的辩护是，只要任何人想听，我都会去教导他们认识圣经，哪怕是梵蒂冈（Vatican）；只要受邀，我就去。今日的天主教，对圣经产生一种新的兴趣，对他们来说是新奇的，有些人甚至比新教徒更渴慕。但我对他们也毫不客气。有一次，我在欧洲一所天主教神学院，向神父、神职人员演讲，我拟订的讲题是："圣经到底怎么说马利亚。"我说，我很乐意称她为"蒙福的"，因为她预告了"万代，要称她为有福"。但我无法称她为"蒙福的童女"，因为她生了耶稣之后，至少还生了四个男孩、两个女孩。我指出，耶稣在地上三年的公开服事中，祂与她愈来愈保持距离。第一次行神迹时，祂称她为"妇人"，当人告诉耶稣她也在人群中时，祂说："谁是我的母亲？"在濒临死亡时，祂把她托付给约翰。我们最后听见有关她的消息，是在五旬节时说方言。其实，从她容让圣灵感孕开始，就已经是个灵恩派人士了，并且她甘愿为此付上代价。最后的结论是，我坦承：正因天主教加了太多不是出于圣经的教导，包括她是无罪受孕、永久童贞、肉身升天……等等，并且实际向她祷告（这损坏了耶稣现在是我们惟一的中保和大祭司的身份），使得我们这些新教徒不太敢提到她。天主教徒谈她谈太多，而我们谈太少。后来，有人根据我的言论而发预言说，他看见"有一丛花，在暗处绽放"的异象，以此诠释为：在天主教／新教彼此长期对抗的黑暗历史中，出现了一线希望。有一位神父伏在我的肩头哭泣，并说，他现在真的了解，为什么新教徒会显得那么害怕提到马利亚。但是，也有一位红衣主教，坐在离我三英尺远的正对面，从头到尾面无表情。后来他告诉我："我会'为你祷告，求圣母马利亚向你显现'。"直到今天都还没有显现。

提到天主教徒，我早期的讲道曾用过一些有趣的故事，看他们能否用别人看他们的视角看待自己，甚至是嘲笑他们也无妨。这种方式可以让他们很安心。我有个朋友曾在澳洲讲道，他邀请所有愿意被圣灵充满的人上来，跪在前面。有一位个子娇小的修女，穿着黑白两色的修女服，也从走道上走过来，像极了一只企鹅。她跪下来后，大声祷告说："主耶稣，求你以圣灵充满我、直到满溢，你若不肯，我就要向你母亲告状。"接下来发生的事，意味祂根本不愿祂母亲介入！我曾在怀特（Wight）岛的一次聚会中讲到这件事，有两位修女当场在座位上笑到不可遏抑。

后来，有一次在电视的诗歌演唱节目中，那是西伦敦一所天主教的灵恩派教会，主持人正在访问几个会众，其中包括一位年长的妇人。他们之间的对话如下：

"您在这间教会多久了？"

"从我还是小女孩的时候就来了。"

"天啊!您一定看到教会不少巨大的改变。"

"当然!倘若耶稣知道我们新来的神父作了多大的改变,祂一定会从坟墓里出来。"

主持人甚至不敢笑!老太太的话,传达了一项颇为可悲的元素。天主教教堂本身带给人的印象,就是让那些头脑简单的人,看到一个死了的圣子和一个活着的圣母。

鼓励天主教徒自嘲时,我也不得不自嘲。有一次在意大利,两位穿着咖啡色修女袍的修女,一个长得高头大马、另一个很矮小,她们走上前来,要我为她们祷告。我问,希望为什么事祷告,令我吃惊的回答是:"要倒在地板上。"显然,她们的修会中,姐妹们曾经"在圣灵里被击打"(slain in the Spirit,可怕的词组,只能用在仆倒的亚拿尼亚和撒非喇身上),两位修女觉得她们错失了这项奇妙的经历。我尽可能地委婉拒绝了,便转身去和别人谈话。不料,下一刻当我意识到发生什么事时,只听到一声巨响,两人接连倒在地板上。大个子压在小个子的身上,两人都双眼紧闭,脸上挂着甜美的笑容。是不是主在对我说:"如果你不想给她们所要的,我要给。"现场一位五旬节派的宣教士目睹了一切,从此,每一次看到我就不忘调侃我——我也总是咯咯地笑。幽默感,基本上是一种均衡感,我们每个人看起来都会有可笑的时刻。

就是这些在本堂教会之外的事奉,以及其他许多不

## 多方服事

同的事奉，让我可以在本堂的事奉中常保新鲜感。我总是从这些新的挑战中得到激发和滋养。有一件事，我敢百分百打包票的就是：服事主，永远不会单调乏味。我从来不曾努力去打开这些门，而是主替我打开、把我推出去。只不过，祂不必太用力推就是了！

# 13
# 看不见的听众

一棵巨大的橡树，也得从一小粒橡树种子长起。曾经有一段时间，我的讲道服事只有一个听众，那是初到昔德兰的时候。如今，我七十五岁，我的听众相较以往已经数以万计，只是大多数都不是在现场罢了。这一切，全拜现代神奇的科技之赐。

一开始是在查尔枫圣彼得的年代。克里斯（Chris）是台下的听众，但不是教会的会友。他过去曾受到颇为特殊"庇英里亚"（Berean）式的教导，认为洗礼和圣餐只限于给犹太信徒。但是，他喜欢我们的教会和我（大部分）的教导。他是我们教会中第一个拥有大型盘式录音设备的人。我第一次听见自己的声音时，和众人一样吃惊。他渴望用这设备来服事主，便问我可否录下我的讲道，然后给一些年迈或因病而不能来聚会的会友听。我认为这想法非常好，立刻答应。我们怎么也想不到，日后会展开多么奇妙的事工。这成了流通到世界七大洲的一颗种籽。没错，连南极洲都有，进驻在南极的科学家也听。

录音带可以转录，又可以反复地听，因此一旦制成就迅速流传，速度之快令人吃惊。但真正的突破是在卡式录音带发明之后，方便邮寄，更便利的是每个国家都一样的规格。巴不得后来的发展也是如此，尤其是录像带。

我多次为了自己的声音感谢神，显然非常适合录音。就如谚语说的："从子音可听出你在说什么，但从元音可知道你来自何方。"我发的短元音'a'，就会泄露我是北方人。我的演讲似乎很容易懂，部分因素在于我的讲道是会话式的，不用华丽的词藻或高亢的语调。

有一位住坎特伯雷（Canterbury）的银匠曾写信给我说，我的录音带对他一家人是极大的祝福。他太太怀孕不适，又严重失眠。她不爱阅读，因此睡不着的漫漫长夜很难捱。他便订了几卷我的讲道录音带给她听。第一次听，不到十分钟，她就睡得像个小婴孩，隔天早晨醒来真是神清气爽。后来，每次都这样，全家也因她更新的活力而蒙福。我也很高兴他写来这封感谢信，后来有机会去那地时还特别造访了他。

就这样，许多人认得我的声音，也有很多人甚至透过我在信息中提到的个人资料，而知道不少我的事。但我的长相很特别。从我清晰、自信、甚至颇具威严的讲道中（这是听众的用词，不是我的），许多人以为我长得很高，有健康的肤色，是个美男子，直到亲眼看见，幻想才告破灭。有一位澳洲女士，就"很好奇想看看声音后面的卢山真面目"。后来，我问她，目睹真相后有何反应，她说："我想，我还是比较喜欢听录音带。"这真是典型的"用爱心说诚实话"！

## 看不见的听众

搬到吉尔福德后,录音带事工的发展,自此进入更广为流传的阶段。拉尔夫(Ralph)是个退休的公务员,父亲是位走严谨路线的浸信会牧师。他在加尔文主义(Calvinist)的背景下成长,养成不苟言笑的言行举止和态度。他自告奋勇要负责录音带事工。自此,他的声音便伴随着我的声音,引导听众何时该换面了。这开启了他新生活的扉页。他那栋四层楼、维多利亚式的房子,也很快就塞满了仪器设备和存货。他也招聚了一批退休人士当助手,各人奉献数小时,辛劳地工作。我还记得有一次他脸上露出难得一见的笑容,告诉我说,他本来一直希望自己成为宣教士,如今,竟然可以和一百二十个国家有联系。他后来在平常去银行办理录音带汇款的途中辞世,算是殉职,这是他一直以来的心愿。

约翰和贝蒂(Betty)原本一直住在哈特尔浦(Hartlepool)。但约翰退休后,贝蒂坚持搬到吉尔福德附近来,好转入我们教会,因她过去一直听我的带子。他勉强同意了,哪晓得从此他不仅悔改归主,还在录音带的制作及发行的事工上,扮演重要的角色。有一次他告诉我,他深信神带领我来到吉尔福德,是要给我一座理想的平台和传声筒,好让我可以广传祂的话语、遍及世界各地。事实证明的确如此。现在,已经有一千二百种的信息录音带,绝大部分都是在那里录成的。

坦白说,我在传讲这些信息时,绝对没有意识到会有这么庞大的听众。倘若想到,我一定会更周延地思考我所讲的，尤其是针对当时发生的事件或当代人物。每当我讲道时，我所作的评论焦点，完全只是针对眼前的这一群人。他们能让我在录音时有一种自然的真实感，也会帮助各地的听众，觉得他们好像也在现场，成为会众的一员。

离开吉尔福德后，录音带事工顿时陷入两难。将整个寄发录音带的事工撇下留给继任者，不仅不公平也很失礼，等于诱使教会去作令人厌烦的比较，或引发对前任牧师不必要的怀想。可是，接下来要如何接手呢？单靠自己，明显是处理不来。

我听说有座"录音带图书馆"，是由亚瑟·华理斯（译注：Arthur Wallis，"家教会"概念的创始人）的兄弟彼得成立的，名为"锚"（Anchor），现由吉姆·海瑞斯（Jim Harris）负责。我和吉姆联络，试探性地询问，有没有可能把我的录音带也列进馆藏的目录中。让我十分吃惊的是，他居然说，他一直在等我找他谈这件事！主在好几个月前就告诉他，要他成为我录音带的代理人，只是他觉得要等我主动提出才好。

自此，就展开了每周以电话联络，为期四分之一世纪的紧密合作。吉姆从此成了我最亲密的朋友，也会给予我最客观的批评。他认为，所有人的订单都要寄达，这是良心上的要求，也是一种见证。我们俩都一致同意，对一些实在无力负担费用的人，就免费寄赠。"锚"是慈善机构，拥有它自己的信托基金，但吉姆在妻子林德（Linden）及忠心团队的支持下，印证了他真是神差派来的人。说真的，没有他，这个事工一定不能发展到今日的面貌。当卡带让贤给 CD，录像带让贤给 DVD，所有的信息都可以从网络下载时，他毫不犹豫地跨步向前，投入大笔的资金和时间，跟上快速的科技变迁。若如耶稣所说的，奉一杯水给先知喝，必得先知所得的赏赐；我只能替他高兴，像他这样自我牺牲、服事主的仆人，将来要得的是何等的赏赐啊。

自从吉姆接手这份繁锁的工作后，主就兴起各个国家的发行人。头一位是彼得·贝特森（Peter Bettson）。他是澳洲布里斯本（Brisbane）的二手车商，在每周二及周四，以每五十秒就卖出一辆车的速度而致富。我的录音带深深影响了他。在以"诡诈"著称的这一行，他因"诚实至上"而建立了商誉。他很晚才悔改信主，但有单纯的信心，又发展出医病的事奉；他不只为病人，甚至也为家禽、葡萄园及果园的病虫害祷告（我曾经尝过美味的果实，比起虫害侵扰前要美味好多倍）。他从自己的办公室，替我发行了数以千计、万计的录音带（通常是免费的），让我的讲道信息从澳洲流向其他国家（远至缅甸、南非）。他服事多年后，现已交棒给约翰（John），一位浸信会的牧师和宣教士（尤其在太平洋万那杜岛〔Vanuatu〕的工作，神奇妙地使用他）。他和妻子琴（Jean）无私的奉献，使我的录音带得以在各地一百多个电台播放。

在新西兰，过去有鲍伯（Bob）、现在则是约翰

（John），他是我童年时期的一位名讲员、克里夫学院的邓宁博士的侄孙。在美国还有另一位鲍伯，他是录音工程专家，以前曾参与过调查那个让尼克松总统下台、声名狼藉的录音带事件，还有研判肯尼迪总统遭暗杀的录音带（到底有几次枪声？）。他的技术，现在则奉献给"好种子事工团"（Good Seed Ministries）。在非洲，发行者换了几任，目前共有三名非洲人，约翰（Johann）和他的两个年轻表弟，名字都叫德威特（DeWet）。鲁迪（Rudi）在史瓦济兰，瓦莱丽（Valerie）在加拿大。这些人都感受到从神来的呼召，而主动与我们接洽。

主也在财务方面彰显祂的引导，包括以录音带感动一些富翁，从此不遗余力地投入真理的传递。前文已提过澳大利亚的彼得。此外，菲律宾则有尼尔森（Nelson）。在菲律宾有一种装饰得很花哨的交通工具，是美军撤退后留下的，介于出租车和公交车之间的"吉普尼"（jeepnies），尼尔森获得其零件维修的独家代理，因而致富。马来西亚则有杨肃斌（Francis Yeoh），他把家族企业发展成为跨国集团（译注：即YTL，杨忠礼集团），专门经营公共设施供给及连锁饭店，包括在邦咯岛（Pangkor Laut），过去曾是麻风病患居住的岛屿，如今已成为世界级的豪华度假胜地。他接手在英国的第一家公司时（也就是威塞克斯水公司〔Wessex Water〕），还在巴斯（Bath）的皇家新月楼（Royal Crescent）露天广场举办庆祝音乐会，邀请三大男高音帕华洛帝（Pavarotti）、多明哥（Domingo）、卡列拉斯（Carreras）表演最后一次的三人合唱。免费的门票赠送给三万五千名观众。杨肃斌本人那天先讲了25分钟的信仰见证，很令我不好意思的是，他还向全场观众介绍我是他的"属灵父亲，以及他儿女的属灵祖父"。他和家人每个主日下午，都要一起看一卷我的录像带。公司的人事主任钟素林（Chung Sieu Leng，音译），也在这个伊斯兰国家担任我这些教材的发行人，使得那地可能比在英国有更多人认识我。

究竟这些录音带和录像带都去了哪里，带来什么影响，只有神知道。我自己可能要等上了天堂才会知道。不过，从稳定的回信量应该可略窥端倪。这些来信很容易分类，堆积在最底下的是一些宗教怪咖。例如，从特伦河畔斯托克（Stoke-on-Trent）的修车师傅写来的信说，他买了一卷录音带，以为我是一名歌星，结果发现当中没有音乐，失望之余姑且听听我说些什么。他写这信就是要告诉我，说我从头到尾都在说他——没错，他，就是神所差来拯救世界的救主，只是还没有任何人能认出他来！这人写得一手漂亮的字，满满14页，文笔也很好，只是没办法说服我。不过我倒想起第一世纪的犹太人，他们也同样很难相信那个拿撒勒木匠的宣告啊。

其次是一些人，觉得神要他们来找我，给我这个面子，请我替他们评个公道。有时是些枝微末节的事，但通常是关乎重要的教义，尤其是来自小教派和异端分子。有一度，后者还会仔细地剪辑我的录音带，来支持他们的说法，逼使我们不得不在标签上印着"版权所有"，只是我们从未采取法律行动。另有些人会提出宝贵的指正，不胜感激。我犯的不少"错误"，都肇因于我在讲道时尽量不看稿，因为与听众的眼神接触十分重要。另一些，则是引自书籍、文章或剪报中的错误讯息。

再来就是问不完的圣经"难题"，多半像是"该隐的妻子从哪儿来的？"这类五花八门的问题（对这些问题有三种答案，但请不要来信问我，否则我可能会问你，为何你对别人的伴侣那么有兴趣！）。我只回答一类的问题，就是：与提问者的救恩或生活方式相关的问题。我并不觉得神呼召我，是要花时间去满足一些人理性上的好奇心。生命何其短暂啊。

但许多人写信来，是要为他个人的难题找到解决方案；有时候还宣称，是神引导他来找我的（一种狡猾的施压，暗示说这是我的责任）。这类信件多半很长，包括数页的出身背景介绍。即使有这些信息，我还是觉得只听他的片面陈述，就要帮陌生人出主意实在很困难。一旦和他们的牧师联络上，就会发现相当不一样的故事。就以纷争的例子来说，我偶尔会引用耶稣的回答："谁立我作你们断事的官？"虽然我的确也写过许多信，是我觉得我可以也应当提供帮助或建言的，但我总是劝这些收信者在采取行动前，先把事情带到主面前并和负责任的基督徒加以察验。

不过，大多数的信件都是表达欣赏和鼓励。有些人还体谅我说"不需回复",但我还是会写个谢函并附上一本我写的小册,可作睡前读物。也有许多人信了主,更多人则是在信仰上更坚固和进深。对一些人,我的录音带就像"一条生命线",是他们惟一能获得的扎实教导。有些孤单的海外宣教士就属此类。能"帮助他们坚持下去",让我深感荣幸。

最令我感动的信,是来自那些有属灵敏锐度的人。他们对于我毫不妥协地为真理站立,但也无可避免地要孤单事奉、甚至付出高昂的代价深感理解。他们总是会支持我,而不只是同情;他们也为我代祷,让我不至于惧怕人胜过敬畏神。这样的安慰总会来得正是时候,亦即当我感到曲高和寡之时。因此,我固然曾帮助一些人坚持下去,别人也帮助我继续前行。

我的事奉,有大部分是在培育和喂养那些与"书虫"有别的"录音带虫"(我总是调皮地这样称呼他们)。我因为这些录音带而广为人知,多过我所作的其他服事。这些录音带也为我开启了不少新契机,包括国内及海外。当我们不得不调高卡带的价格时(因为成本涨了,尤其是邮资),许许多多的教区牧师提出抗议(他们问:你想,从今以后,我们该上哪里找讲道材料呢?)。说真的,我曾经想过,我的一篇讲道通常有五十分钟长,那足够圣公会典型的讲道用上几个礼拜了。有一个礼拜天,我坐在布拉德福德(Bradford)的一间教会,乐于像壁纸般一动也不动,听着台上讲耶利米书。讲员讲得很不错,经文讲解就像我也会解的那样。突然间我觉悟到，那正是我讲过的！现在，听另一个声音讲出我的讲章，真是有趣的经验。他一度承认听过一卷录音带，只是没说出是谁的。聚会快要结束时，我悄悄地拔腿就跑，不想让他尴尬地发现我就坐在下面。

　　录音带也曾以不寻常的方式，进到特别的地方。把神的道带到宣教士不能进入的地区，有时候，是透过英国大使馆的外交邮袋。有一次，一个人把车停在阿姆斯特丹的户外停车场，隔天清早，却发现小偷破坏了后车箱的锁。他们惟一偷到的东西，就是我的一套讲道录音带，保罗的罗马书。我祈祷，他们听了这些带子后能悔改。有些录音带则进了白金汉宫。倘若录音带能说话，它们的历险故事一定十分吸引人。

　　这些录音带也接触并感动了许多有趣的人。我在此叙述三个。有一天，当我外出服事，我的太太听见门铃响出来应门，发现门口有一个讲澳洲口音的男子。他听说我不在家很失望，因为他隔天就要回塔斯马尼亚(Tasmania)。他问我太太，可否帮他转达谢意，因为听了这些录音带后，他"对圣经有更深的认识"，并且已"决志委身基督并服事祂"。他名叫道格拉斯·格雷沙姆(Douglas Gresham)，是多产作家 C.S. 路易斯(C. S. Lewis)的继子。路易斯的作品诸如《返璞归真》(Mere Christianity，中文版由海天书楼出版)及《狮子、女巫与魔衣橱》(The Lion, the Witch and the Wardrobe，当今造成轰动的电影《纳尼亚传奇》〔Narnia〕，格雷沙姆就是制片之一）。格雷沙姆还是个小男孩时，跟着已离婚的母亲乔伊（Joy Davidman）从美国来到英国。后来，为了解决她的居留问题，路易斯娶了乔伊，结果两人进而相恋，但乔伊旋因癌症离世，留下这个男孩在一个陌生的国度，以及一位悲伤的继父路易斯。就像许多人一样，我从路易斯的作品受惠良多，尤其是他的《返璞归真》。如今，能够帮助他的继子寻找到基督教信仰，我好像也回报了一点受惠于他的恩泽。

还有一次，我与葛培理的女儿一起上一个跨越大西洋两岸的电视节目。令我惊讶的是，她也定期听我的讲道录音带。我再次觉得，我回报了一点点这位属灵父亲当年惠及于我的启发之恩。

但最令我感动的是，那位杰出的荷兰女士彭柯丽（Corrie ten Boom）的故事。在纳粹占领期间，她和家人为了营救犹太人，在家中提供了一间"密室"，为此而付出高昂的代价。她在战争中幸存下来，便到世界各地传扬这个故事，而且宣讲饶恕的信息。但不幸晚年因中风，她在这世上旅程的最后一站陷入昏迷的状态。在这个忧伤的阶段，她只对两种声音有反应，会稍微出现一点肢体动作。一个是由她的外甥吴尔登（Peter van Woorden）拉奏的小提琴乐曲（孩提时期，每逢骑脚踏车经过哈伦〔Haarlem〕占领区时，他会穿着女孩的衣服，以乔装来逃避德军的注意）。另一个，就是对我的声音有反应。她喜欢听我的解经讲道，直到她过世后，我才知道这事。

但我一直不晓得,她的看护是从何处取得我的录音带。只是我要为此感谢神,我竟然可以在她人生最后一场试炼中,服事她一程。我和一些人都发现到:当身体和思想的功能皆已停止,灵仍然可以交流。

如今,我的释经讲道很少增加新的信息,不像以前每周录制两篇。而且,新的录音也不再是系统解经,后文会再解释。由于巡回各地服事,我从不会在同一个地方停留多过两天,因此,讲题也变成专题式而非解经式。不过,这些讲章,还是包含了我讲过的最重要信息。主还在继续使用我。

只是,我已来到服事的尾端。而且,圣经也要我们数算自己的日子,好得着智慧的心;意思就是,要将余剩的日子作好策略性的规划。因此,我已开始思想我未来的服事,尤其是过去五十年所录制的这些教导材料。我有点儿想,当我从世界舞台消逝时,它们也跟着消逝。但有另外两个因素说服我不这么做。

一方面是,影带的需求仍有增无减,而且看来我走了后还会持续下去。另一方面,需要量一直都很大。许多布道家在世界各地大量收割后,极需扎实又均衡的圣经教导来喂养初信者,使他们能稳定地成熟长大。我们已开始翻译这些录音带、录像带和书籍,最主要是西班牙文和中文;这是英语之外、最广泛使用的语言。此外,还有法文、荷兰文、德文、意大利文。但这一切不过是沧海一粟,而且还需要时间和金钱的投资与整合。

## 看不见的听众

似乎是该成立一个非营利信托基金会的时候了，这样可以照管所有的教材，无论是我生前出的、或是死后继续发行的。我们已经藉由法定程序，成立了"大卫·鲍森圣经教材信托基金会"(David Pawson Teaching Trust, DPTT)。这不是用来支持我个人的需要，因为主一直都信实地顾念着我的需要。我甚至也不是信托管理人，成立基金会是为了能够继续接受奉献或承继产业，盼能聘请符合需要的跨国领袖，以督责推行现有教材的数字化工程和全球发行网的保存与保护，以及开发更多国家和语言的新兴"市场"。目前，在中国已有请求协助的急迫呼声，因为那里有千万的新生基督徒，而普通话已经是受义务教育的小学生朗朗上口的语言（否则，中国各地就有两百多种不同的方言）。

因此，这群"看不见的听众"有着极大的潜能会继续增长。有更多人会认识我，但我能认识的人则愈来愈少。我一直希望尽可能与听众有个人接触。事实上，我还在吉尔福德时，就习惯站在门口，和每个来聚会的人握手。这不仅是在聚会后，那很一般，也在聚会前会友抵达时。对那些录音带或录像带的听众，我在今生就办不到了；但在来世，我会很乐意在永生中和每个人握手致意，那应该要花不少时间吧。只有到那时，我才能知道听众的数目，以及这些录下来的"道"(Word)，对他们有何意义。我何等期盼见到每一位听众！

# 14
# 波音客机之旅

我想这是免不了的。因着录音带风行世界各地,许多国家都知道我的名字,海外邀约如雪片飞来。我起初不太考虑,一直到新盖的密尔梅德中心完工、顺利运作后,教会的领袖们觉得应该放我远行,进行这样的造访。他们认为,这不仅可以拓展我的经历,也能提升教会具有普世的眼光。我本来就在讲台的上方,用美耐板制作了一幅世界地图,没想到后来被我们的会友用来为我的海外服事祷告。世界变得更小了。波音客机缩小了地球的距离。遥远的国家,不过是一天的距离。以往,宣教士要花好几个月才到得了的行程,现在几小时就到了。

我以前从来没想过,有一天会踏上跨国服事之路,是怜悯人的主把未来隐藏,直到我们预备好了才能面对。走笔至此,我再次感受到那种紧张在胃里翻腾,几乎每一次出发都有这种体验;整个人就是很焦虑,害怕让人失望。他们听我的录音带是一回事,及至见了面,恐怕会大失所望!我害怕他们会觉得,我的讲道也不过尔尔。我猜,读者看到这里会恍然大悟,我也是个相当没有安全感和缺乏自信的人——除非我开口讲起道来。

美国人给"专家"两个字下的定义，很令我感到安慰：所谓"专家"，就是"在家一条龙，出外一条虫"的泛泛之辈。

我的第一次冒险，就去到离家远到不能再远的地方。我搭飞机，经洛杉矶和檀香山、到新西兰。我们是在星期二晚上，很迟才飞离夏威夷。我的位置是中段三人座的居中位置，挤在两位来自南方海岛、身材拥肿的女士中间，两人身上还戴着有浓郁花香的花环。睡意全无，不过我安慰自己，反正到奥克兰还有星期五一整天可以休息，我第一堂讲道排在周六中午。不料，机长宣布，我们刚刚飞越国际日期变更线，现在就是星期六，我真是吓死了！人家把我从机场接走，快速地送抵奥克兰（Auckland）皇后街一间很大的浸信会后门。我就这样带着时差、站上讲台。直到今天，我自己还有当时的听众，都想不起来那天我讲了什么，只记得一件很特别的事。我在当中看见一个异象，许多人也还记得。

我必须先解释。不久前，伊莉沙白女王二号（Queen Elizabeth II）这艘新船，因为引擎的供油管破裂而在百慕大群岛外动弹不得。束手无策之际，船家只能安排乘客以小艇送离。我在异象中看见同样的事发生，只是有些部分非常不同。船桥换成一个希腊教堂的门廊。其实我"看见"的，是我正在讲道这间教堂的前门台阶，只是我当时不知道，因为是从后门进去的。我立刻看出，整个教堂倾斜，会友正三三两两离去，主要是往市政厅的方向，一个五旬节派教会正在举办奋兴会。牧师之前会邀请我，就是希望我能遏止教会的衰败，甚至为教会带来复兴。只不过，我并非"奋兴家"。两个礼拜下来，悲惨的状况毫无起色。我打电话给妻子，告诉她说，我怕是犯了严重的错误，以后要留在家中才对。她陪我流下失望的泪水。我的旅行讲道恐怕就得在此告终。

不料，在美丽的岛湾（Bay of Islands）经过几天的休养生息之后，剩下的行程，包括在基督城大学（Christchurch University）对学生的讲道，都十分得激励。之前在奥克兰有多大的挫败，之后在基督城就有多大的鼓舞。后来，我又拜访此地好几次。最难忘的是在一个青少年的圣诞营会，对着一千多个年轻人讲道，包括一些毛利族（Maori）的街头帮派份子。每天上午，他们都聚在一座棚子里，以稻草堆为座椅，就这样听我讲"神的国"。星期二上午，在我开讲之前，主轻轻地告诉我："你已经传讲过我的能力和权柄，但是，还没有证明给他们看呢。"我问祂，该怎么证明呢？结果，我的脑海清楚浮现几个字："头皮屑！"于是，我起身宣告说，耶稣是万物的主宰，包括头皮屑。我太太的脸庞就像一幅画，我知之甚详，读她的脸就能知道她的心。这回，她在说："他终于要捅出篓子了；我等这一刻已经等好几年了，现在终于来了。"她在打量最靠近的逃生门，明显是在盘算要如何用最快的速度离去。接着，主又告诉我"疣"这个字。我突然领悟到，祂是那么体恤人，所以要处理这些对青春期孩子而言非常恼人的问题。可是坐在我妻子旁边的,是一个救世军年纪稍长的弟兄,两手长满了疣。坐在他另一边的,是位外科医生,几分钟前,两人才约好要到他的医院上局部麻药去除。两天之后,疣都自己脱落了。另一个疾病是一只瘫痪的手,这次又拓展了我的信心。有个女孩虽然天生是右撇子,却从来没办法用右手,这带给她紧张和压力。一个小时后,她用右手写信给她的父母。高潮则是一个挂着拐杖的十六岁可爱男孩,左臂因两岁时的车祸而瘫痪。最近,他在使用电锯时膝盖跪在一块大木头上——竟然把他的膝盖切个正着。他的腿被保住了,那是将小腿骨移接到上腿骨,因此腿比别人短。令我们惊讶的是,主竟使他不挂拐杖、绕着运动场跑,并在讲台上跳舞。两天之后他告诉我们,主也医好了他持续多年的尿床问题。过去,他一直要睡在橡皮床垫上,即使来参加营会也是如此。

  直到星期五,各种症状都得医治了,除了头皮屑。我并没有特别指出这个毛病,只是问大家:有没有哪一位得了医治却还没告诉别人,可以在会后来告诉我,特别是那些我提到过的问题或毛病。有一个长着一头浅黑色发亮头发的女孩,跑来告诉我:"你是不是说头皮屑?我的头皮屑,以前一直像雪片般落在肩头上,我试过各种洗发精、抗屑药都没有用——现在,全部不见了!在她后头,有一个发色姜黄、蓄着小须须的男孩,结结巴巴嗫嚅道:"我不相信。"我问他不相信什么,他说,"就是一点关于头皮屑的事。"我邀他过来检查那个小女孩的头发，可是他抗议道："不！我讲的是我自己！我一直很苦恼这个问题，可是，今天早上好像好多了，因此我去保健中心检查；护士说，找不到任何头皮屑了。可是，我真不敢相信呐。"我告诉他，无需勉强，回家去，快快乐乐地接受吧。

那个上午，我把这一切事告诉大家；现在他们听见也看见了关于神国的事，但是，还需要进到神的国才行。倘若大家下午再回到棚子来，我就要讲解如何进神的国。我不只一次故意吊他们的胃口，这可以很快分辨出，哪些人是因着一时的情绪反应，哪些人是出于圣灵的引导而有的确信。惟有后者，才经得起时间的考验。但那天下午是个大晴天，大家都往两英里外的太平洋海边去，很快地就在一群粗壮的救生员的监护下入海游泳。不过他们当中惟独有一位，非常渴望回到棚子里，来听我这堂额外的课。他又邀了其他人想掩饰自己的紧张，结果发现，大家都很想来。他们便凑成一个小组，很艰难地开口祷告，求神让他们可以来到聚会中。祷告完一张开眼睛，就看到海湾有鲨鱼。大家狂喊，"鲨鱼！"那些游泳的人不到几秒钟就浮出水面——结果全体一起来听我的课。因此，我现在终于明白如何让人来参加聚会了！

我若要述尽这些海外的奇遇，很快就可以出一本书。现在只能选一、两个在不同大陆发生的事，说明主如何引导我顺服祂的带领，虽然我个人并不喜欢拎着一只皮箱到外地生活。搭乘波音喷射机的新鲜感，也不过十分钟就消退了。我喜欢认识新朋友，到新地方长见识，但来回奔波就不是那么有趣了。

有时候，这样的疲累，也会因着意想不到的方式而消除。英国航空公司聘用的三千名飞行员中，我只认得一个。有一次，我搭乘波音七四七飞香港，我有一股强烈的直觉，他就是我们的机长；结果真的是。我整个旅程都在驾驶舱中渡过。有一段时间，当机长小睡片刻时，我还坐上副驾驶的位置。飞机全程都是自动驾驶，要避开暴风雨、山峦和城市，完全不用手动驾驶。他惟一需要控制的时间点，是当我们对准这个殖民地的跑道时——他连这个也不需要费心，很容易就驾驭住这个巨大的飞行器。这一趟旅程花费的时间，真的是"飞逝"而过。

让我们转到大洋洲。我想起有一次在澳洲中部的一群原住民听众。我录音带的发行人事先已在这个幅员广大的国家，安排了许多场聚会，只留下少少几天、亦即圣灵降临节的主日和周一，可以向这些生活在丛林里的原住民讲道。但他本身并没有什么渠道可以联系，因此只好向主祷告，求祂来安排。星期六晚上，我在爱丽丝泉（Alice Springs）讲完最后一堂，还不知道接下来的那几天，到底有没有讲道机会。会后，有一位女士来找我，问我是否有一两天的空档，可以去造访一个原住民地区。她和她丈夫两人都是政府官员，也是热心的基督徒。隔天上午，她开一辆"荒原路华"（Land Rover）的越野吉普车，带我在莫瑞山区（Murray Ranges）走了五小时。我问她，如何通知大家我要来讲道；她说，村子里传话很快。那里已经有一间教会，是由一位后来住在贝辛斯托克的宣教士创立的。当我们快到目的地时，只见远方扬起一片灰尘，我们便改道就近了解。原来是一场赛马盛会，有数百名来自各地的原住民参加。场地先划出几个跑道，然后由一辆卡车上的扩音器宣布"起跑"。我们在群众中找到一名基督徒。比赛在夕阳西斜时结束，他便拿起麦克风告诉大家，请留步，要听一位从遥远地方来的特别讲员讲道。大家都留下来了，架起营火，一家大小连同小狗，围着火听讲。在一片漆黑中，我只能稍稍看见他们的眼白。有人替我翻译，不过很快就碰到难题，因为他们的语言中没有"饶恕"这个词，做错事一定要惩处。我不了解他们的文化，只好打一个电报向圣灵求救。那天正是五旬节主日（很少见的，正好与犹太历的日期相同）。我告诉他们，为何这一天对以色列和基督徒这两个"族群"是很特别的日子。因为，几千年前，神赐下律法给犹太人，但他们很快就因不守律法而被惩罚，造成三千人死亡。但基督徒则在这一天，获得神所赐的圣灵。神把祂的律法写在我们的心版上，使我们可以遵守，不再害怕被惩处。五旬节那一天，有三千人得救。

我大约讲了五十分钟，但听众没有任何回应，大家纹丝不动，面无表情。我觉得未免败得太惨了，于是向邀请我的夫妇致歉，邀请我来，却发现无法传递信息。他们的回答令人诧异。"你还不明白吗？他们都听得入迷了。我们从来没看过，有哪个讲员可以让他们静坐听那么久的。连狗都一动不动。他们还问说，是谁告诉你那么多有关他们的事。他们的长老，正准备明天早上与你长谈呢。"我一脸困惑，直到有人向我解释，原来澳洲政府正准备让他们恢复自己的文化，包括原有的法令和惩处条例；但他们对此感到不安，因为了解自身的软弱。如今，他们领悟到要管理自己的行为，说不定还有另一条路可以走——靠着圣灵，从内心做起。隔天，我花了相当多时间与他们的一群长老坐在地上，讲解经文并说明：律法来自摩西，但恩典和真理来自耶稣。

另一次，我在墨尔本一间很大的体育馆，透过无线麦克风向数万听众讲道。但是扩音系统很差，一直断电。我请大会另寻替代品，结果找来一组日本制的新产品，"最先进的，全澳洲只有这一组。"效果十分好，只是，我们没人料到，它的声波长度正好调到维多利亚州警局的长度。每部巡逻车，都被迫听一个英国讲员讲道！他们只好派出侦察车，四处寻找这个非法的电台。我讲到末了时，发现有一组警察冲进大厅。我以为是哪个逃犯藏匿在听众席中，却不知道他们要抓去询问的人是我。只见他们很有礼貌地询问管理员，我还要讲多久。知道只剩不到七分钟后，他们就说："这样嘛，我们既然已经听了那么多，就把剩下的听完吧。"自此，每当我拿到一个无线麦克风，我开头多半会先向当地的警察致意，祝他们执勤顺利。

亚洲可说是 21 世纪最重要的一块大陆，我很荣幸能够在许多亚洲国家服事。在中国，我的贡献已经从奉献圣经、转为把我的录像带加上华语字幕。第一次印度之旅，是在海得拉巴（Hyderabad）巴辛弟兄（Bakt Singh，有"印度倪柝声"之称）最大的一次聚会讲道。听众在水泥地上盘腿而坐数小时，并将前额抵在地上祷告。这样的姿势让我非常痛苦，直到他们可怜我、给我一张小凳子。我必须不用讲稿讲道，如果有讲稿，就会被视为不倚靠圣灵。在南方的泰米尔纳德邦（Tamil Nadu），是从使徒多马将福音传入开始，成为基督徒比例最高的省份；使徒多马后来就葬身于此。我到此地为六百位牧者、布道家及教会同工上课，后来大吃一惊，因为一周的课程结束时，他们还要考试，看我讲了什么。我带了一些我的书去，正好作为奖品。当地气温高达 40 摄氏度，老鼠会偷吃我的肥皂；用餐时，我则没办法用手指捞汤。但他们对神的热忱和敬拜，令人肃然起敬。

在新加坡，当地圣公会的情况最令人振奋，那是受到接连几任的福音派、灵恩派主教所影响。我告诉他们，这是世界上惟一让我乐意作一名圣公会信徒的教区；这句话若传回故乡英国，肯定够我受的！当然，其中一个因素是，海外的圣公会是"独立"教会，就像其他教派一样，不受督责当局的监督和约束。有一次，我过境新加坡机场，有几小时的空档。有一位牧师不知如何听说了，便好意接我回他家，整个房间已挤满了他的会友。天气又潮又热，因此，他把我的外套取去、丢在一张床上，没留意到我的护照和机票掉出来了！我也没察觉，直到他又送我回机场并离去后。我不知道他姓啥名啥，地址、电话都没有，甚至我方才去过的他家，是在城里的哪一方都不知道。我的身边，有来自世界各地的人擦肩而过，不知道该问谁？除了转向主。几分钟后，一对年轻的基督徒夫妇走来问我，"您是大卫·鲍森？"他们看过我的录像带。我对他们提起我的困境，向他们描述那位牧师的长相。他们也认不出来，但猜想，他们的朋友可能会认识。经过一连串的电话联络后，牧师终于在登机前把我的证件送抵机场。

我在马来西亚的教导，无论是录像、或是我本人亲自主持的，可能比亚洲其他国家都多。有一次，一周内就售出一千套录像带。在东马（婆罗州），我发现我的声音在丛林里的"长屋"也听得到。那里有不少福音事工，但如同许多地方一样，圣经教导稍有不足。我为此十分感恩，因为人到不了的地方，录音带可以去。

潘灵卓（Jackie Pullinger）曾带我去参观香港那个声名狼藉的九龙寨城（walled city），那里有一栋脏乱异常、十层楼高的邪恶罪孽之处；地虽小却龙蛇混杂，法令鞭长莫及。我看她以方言为吸毒者祷告，只感觉自己爱莫能助、一筹莫展。但同时，我在"全福会"（Full Gospel Businessmen）讲过一次道之后，香港共济会分会的会长写了一本小册子，警告共济会的弟兄要提防我。

再来看非洲大陆，先从南非开始。我去讲过好几次道，第一次是在1982年，种族隔离政策仍然支配着一切。有人对我的简单声明："一位公义的神，祂关心不公不义，正如祂关心道德沦丧一样。"很不以为然。后来，我在德班（Durban）及开普敦（Cape Town）的聚会都被取消，理由不一，其中一个便是：我属"灵恩派"。我放胆说了一些预言，不出几年就实现，因此又受到欢迎，再次受邀到德班及开普敦讲道。我有一次非常美好的回忆，是搭南非航空的经历。我注意到机上一位男空乘员，在领角上佩戴了一个"鱼"型的胸章。我便告诉他，空服员中有基督徒，这让我感到很安慰。他说，现在这架飞机上有四位基督徒空服员，他们要启航前都会一起祷告。我问他，南非航空的空服员有多少人是基督徒，他说："到目前为止共有六十位。"飞机降落后，我才知道这个团体是由他发起、负责的。他会向主祷告，赐下一个同事的名字，然后为其代祷，直到这人成为信徒。哇！我之前也注意到，飞机上耳机的音乐频道中，就有一个是福音诗歌的频道，他承认这是由他负责的。航程快结束时，他接到一个紧急的消息，说他八岁的女儿生了重病，要他尽快赶回家。那个晚上，我在约翰内斯堡机场附近肯普顿公园（Kempton Park）旁，一间新盖的、很现代化的荷兰改革宗教会讲道。讲道前，我带领所有会众，凭信心为这个小女孩祷告。这时是晚间八点。几天后，我辗转得知，就在那个时刻她可以下床，完全好了。耶稣永不改变，对不对？

在津巴布韦（Zimbabwe），有一位牧师自告奋勇要带我去首都哈拉雷（Harare）逛逛，他还问我想去哪里。我给他两个独特的景点，他都没听过，结果变成我带他逛（我为了讲道时能举相关的例子，事先作了一点研究）。有一个是用雪茄盒做成的大十字架，现今存放在一间大教堂的副堂。早期的烟草种植者没有一间教堂可用，因此便围绕着这座人手打造的十字架来敬拜。另一个景点是李文斯顿（David Livingstone）最后的日记，以铅笔书写，存放在城里的金库里；我们想办法进去看了。后来再去看雄伟的维多利亚瀑布（Victoria Falls），这是李文斯顿发现并命名的。他们带我上了一艘汽艇，过河来到一个名叫猴岛（Monkey Island）的地方。下船时，有人走过来叫我："我想您是大卫·鲍森。"世界真小！我在哈拉雷的聚会原本是要借市政大厅举行，但在最后一刻，总统穆加比（Mugabe）希望为他个人讲一次。因此，其他的安排都只好取消，而改在意大利舞厅（Italian Ballroom）举行。

在肯亚和刚果时，我病得很严重，这个容后再叙。在上刚果省（Upper Congo），我曾在一间教会外面、以水泥搭建的聚会场地，向数百名非洲人讲道。当四十名非洲女子穿着鲜艳的传统服装，每人手持一罐系在绳子上的可乐空瓶，瓶内装进仔细秤量的水，再以钥匙或别的金属器来敲击，那种特殊的乐音真令人陶醉。我相信，主也会和我一样爱上它。后来，我又跟我的小姨子和她丈夫相聚，他们在下刚果省从事安哥拉难民的工作，勇气可嘉。

多年来，我一直都不想跨越大西洋，因为总是想，美国本土已经有够多的牧者，我宁愿往我觉得更有需要的地方去。但有人说服我说，我的圣经教导在那里还是很缺乏；在那边，多半是专题式讲道，或是危言耸听的末世论。因此佛罗里达州（Florida）、得克萨斯州（Texas）、堪萨斯州（Kansas）、维吉尼亚州（Virginia，派特·罗伯森〔Pat Robertson〕的"七百俱乐部"〔700 Club〕电视频道）及加州，后来都进了我的行程表。但是，我还是觉得在加拿大比较自在（或许是因为这里更像英国？）。我曾经上过几次加拿大基督教电视台的谈话性节目"享特利街100号"（100 Huntley Street）。第一次，制作人问我想谈什么题目，我立刻回答："神的国，这是耶稣和我最喜爱的话题。"他面露失望之情，提醒我说，要让观众有兴趣才不会转台。然而，是他给我选择权啊，因此我坚持不改。我讲了大约二十分钟。电视台有电话专线，也有一个团队会立即处理观众打进来的电话。其中一位观众要求亲自与我对话，结果便有以下的内容：

"哈喽，是鲍森先生吗？"

"是的。"

"我是央街（Yonge Street，红灯区）的阻街女郎，我看了你的节目。我可以请问你一件事吗？"

"当然可以，请说。"

"我要怎么做，才可以进到你所说的神的国呢？"

"你为什么想要进去？"

"是到了该整顿我人生的时候了。"

我几乎要喊"哈利路亚"了。我想到，一直以来我都认为，一定要坚持传讲明确的福音，像耶稣所传的一样，才能得到像今天这样的人回应。

在温哥华，我也曾受邀去维真神学院（Regent College）讲授暑期课程，代替最近因癌症去世的大卫·华生（David Watson）所开设的"属灵恩赐"这门课。有一位来上课的圣公会神职人员，抱持着颇怀疑的态度，尤其是对医治的恩赐。于是，他当着众学生的面，挑战我证明给他看。因此，我们便替一个脊椎侧弯的女孩按手祷告，结果，她在一声快乐的尖叫后，脊椎变直了。我们告诉她，直接去对街的大学附设医院、取得医师证明再回来；她照做了。这自然使得我们的课程更受瞩目。

我往来于各大洲时，总是能尽情享受主内一家、各样不同的风貌，完全超越了黑白之分、贫富之别，以及东西方的差异。人家总爱批评基督徒的生活狭隘，但其实我们这群体所具有的多样性，远远超越了其他所有的宗教信徒。这一点在南美洲时，体验得尤其深刻。

有一天，我在巴西的首都巴西利亚（Brasília），应一位大使之邀去他家作客。那是极奢华、现代化农场风格的豪宅，房子似乎全部以玻璃建材盖成。吃过一顿超丰盛的晚餐后，我们散坐在一间宽敞的宴客厅，宴客厅有高低不同的层次，其间有水流蜿蜒而过；大家围着一架大钢琴唱诗敬拜赞美主。然后，有人引导我下去花园看客房，每间都有卫浴、客厅，彼此以玻璃走廊串连。隔天，我搭乘一架小飞机去亚马逊丛林，进到一间长屋，里面坐满了人，小孩、狗和猪仔。户外烧柴的烟不断地往里面飘送，原来有一只烧滚的大锅，负责煮食的人正手持一根甘蔗，在使劲地搅动着。我放眼望去，穿得最正式的不过是一件丁字裤。他们的脸充满了主同在的喜乐，他们尽其所能地接待我，为我搬来一块砖头让我坐，还问我要不要喝茶。天气炎热，我迫不及待地说好。有人找到一只看起来好像从来没洗过的玻璃杯，上头累积了许多污垢。他们把玻璃杯往大锅里一舀，就端来给我。我看了一下，心中向主祷告，求祂除去这容器的任何气味，帮助我可以享受里头的东西。祷告蒙垂听，我真的很享受那杯提神醒脑的饮品。离去时，我实在很诧异，我们的信仰可以打开各样的门，上至社会顶端，下至社会底层。虽然我们的心会抗议环境中巨大的差异，但在南美洲，我却明显感受到主的眼光和人不同；祂不偏待人。祂只看人的内心，而不是外在。我在48小时内，就经历这极大无比的反差，但在两个群体中，我都可以放松地唱出锡安之歌。日后在天堂，惟一不相等的，将是按着我们在地上付出多少而得的回报。

最后，我要回到我家乡所在的这一块欧洲大陆。我曾在此服事了许多国家，现在只能快速地描述几个场景。

法国：当我试着用小男生时期学的法语时，有个听众吓坏了，因为我不断重复的词组，意思是"排便"。在德国，我曾对120个听众说，隔年我会再来——如果他们每个人再去邀十个人。结果隔年来了1200人。在意大利，当时我正在写一本论"地狱"的书，惟一的手写稿却在波隆那（Bologna）机场放错行李箱；两天后，又神秘地（神奇地）出现在100英里外的里米尼（Rimini）。比利时：这儿不是我的滑铁卢。荷兰：五旬节教派曾在须德海（Zuider Zee）举行培灵大会，邀我向三万至四万人讲道。西班牙：在当地很兴旺的五旬节派的教会讲道。葡萄牙：向一群从世界各地流放而来、定居在阿尔加维（Algarve）的居民讲道。挪威：雨后、雪后、下霜后，整个被薄冰覆盖的国度。瑞典：路德会禁止发行我的讲道录音带。丹麦：教会的青年领袖们，睡在一起。

铁幕尚未倒下前，我也曾设法进去过。第一次是去当时的捷克斯洛伐克（Czechoslovakia）。我们带了一笔钱，在亚布洛内茨（Jablonec）帮他们盖了一间教堂。立地基那天，下的雪有12英寸深。秘密警察也来参加聚会。几年后我才得知，那个牧师被下监六个月，因为他不肯在一张控告我的状子上签名。他知道他们是捏造的，但即使我早已安全脱身，他也不肯作假见证。他为此而付上代价，却没让我知道。我的翻译员是米洛斯（Milos），他曾训练二次大战前温布登网球锦标赛（Wimbledon tennis champions）的冠军。他的儿子有一次差点引起国际危机，因为他的曲棍球队在莫斯科痛扁了苏联队。

最后，我要以在罗马尼亚的故事作为结束。那时期，铁幕仍然低垂，罗马尼亚被一位邪恶的独裁者和他的妻子所统治。我和妻子搭火车从匈牙利进去。我带了一个大皮箱，里面装满了属灵书籍。箱子太大了，行李间的行李架摆不下，只好放在走道上，我也小心留意着。抵达边界时，一名穿着灰色制服的女警卫要我们接受仔细的盘查，要看有没有违禁品，甚至连座垫都要打开来检查。最后，她指着我那口大皮箱，叫道："这是谁的？"我说是我的，然后小声地向主祷告：是你行个小神迹的时候了。此刻，一个半醉的士兵拿着一个灭火器，打开插销，就对着那件大行李箱喷起来，喷出厚厚的一层泡沫。这时，我们都被命令下火车，站到铁轨上，等着车厢清空。再登上火车时，发现那个女警卫已经不见了。我的行李箱沾满了白色粉末，可是里头的东西毫发无伤。感谢主，祂在最关键的时刻介入了。

谢谢读者，跟着我再一次整理这些琐碎的记忆。重新回味，不禁想起：不论何往，总是有这位好牧人，派了恩惠与慈爱这两只牧羊犬，紧紧跟随着我啊。

# 15
# 漂流的外邦人

渐渐我发现，同时兼顾牧会又作跨国的服事，若非不可能，也是很困难的事。假设会友今天在、明天就走了，大家都觉得不太好。我开始领悟到，鱼与熊掌该作一番取舍了。可是，该如何取舍呢？

这是我人生面临的第三个叉路。第一个是，要选择作农夫还是传道人。第二个是，要留在卫理公会还是去浸信会；现在，则是要选择作巡回的讲员（an itinerant），还是驻堂牧师（a resident，我差点写成 to itinerate or vegetate，编按：亦即一个四处巡回的流动生命，或是像植物生长般一个呆板的生命）我和前两次一样，迫切需要清楚的引导。牵一发动全局啊。

前文已说过，吉尔福德的事工到了 70 年代末期，已发展到非我能力可以胜任的地步。我可以预见下个十年，教会还需要什么、该如何继续发展下去，只是我不太清楚，自己在这当中能扮演什么样的角色。

我决定按以往的方式来寻求主的引导，那就是：以不变应万变，继续做本分的工作，直到主清楚告诉我。我看过许多基督徒，在还没弄清楚是否蒙召往下一程，就离开原本的岗位，最后只好在旷野中徘徊。其次，我答应主，只要祂尽到责任、清楚地给我指令，我一定顺服到底。我不觉得，我们应该尝试和解读神的意思，或是揣测祂的计划。

我报名参加了在萨塞克斯郡（Sussex）阿什伯罕坊（Ashburnham Place）为牧者举办的一个聚会，大约有一百多人参加。这能帮助我有机会从所有事务中退到主面前等候。亚利士·布坎南（Alex Buchanan）是讲员之一。他真的有先知恩赐，这源于他有一次与死亡擦身而过的经验，使他从此不惧怕人，而是对神拥有一种健康的敬畏。有一天，他讲完道之后，宣布他有来自主的四段话，要对四个在场的人说。他不知道是哪四个人，但是当事人会知道。大家都屏息以待。前三个，我都左耳进右耳出地过去了。但是到了第四个，我整个人好像触电一般，这话直入我心。直到今天，我都还能倒背如流。这段话是这么说的：

我儿，过去这些年，你在我为你选定的位置上已尽力发挥了恩赐。今后，你不必再留于此地；我要带你离去，将路开展在你面前。但我只要你注意一件事：原地尚待发展的一切，你要将它交在我手中，因为，那是我的教会、我的羊群。我要你往外去服事我，以致有一天，你能无愧地面对我、看着我说："主，我们完成了。"

会后，我问布坎南，知不知道那段话是要给谁的。

他说，他开始说时并不知道，但说完时就知道那是给我的。

这正是我需要的、够清楚的答复。在此之前，我是竭尽所能地照管吉尔福德的教会，而现在，我要把位置给别人了。种种迹象也显明，今后我将投入一个更广大、甚至跨国的服事，而不是再去另一个教会驻堂牧养。但是，我从来不曾单单因一项"预言"就采取行动，除非有其他的印证。幸好，这段话记下来了，因此，我可以带回家，和长老同工们一起衡量、判断。他们花了一段时间才达成结论，但一致同意：这是来自神的预言。只是，他们一直不情愿付诸行动，最后，我只好提出一个日期，时候一到我就要卸下责任了。

教会十分厚待我们，允许我们继续住在牧师馆，直到继任者有需要；同时，也补助我们一些津贴，直到我的新服事稳定下来。我想，他们十分清楚，迈入一个未知的情境是什么样的滋味，因此愿意与我们一起跨出信心的步伐。只是，门很快就开了，两年内，我就踏遍英国两百多个地方服事。

起初，我几乎每个邀请都接受，还不是很清楚该以何者为重。但渐渐就发现，作为一个"特别客座讲员"，若只为了"以名气来吸引听众，而填塞节目内容"，那就太没意思了。我领悟到，倘若我要有策略地投注时间和精力，那么就要好好分析：短暂停驻的讲道方式，该怎么作才最有果效，然后，再将注意力放在最能造就人的聚会上。我不是指参加聚会的人数，而是指长期的果效。我已养成一个习惯，去每个地方讲完道后，我会请当地的一个关键人物写信给我，并且坦诚地告诉我，在我讲完道六个月后还有什么果效吗？如果有，到现在还明显吗？这么做，是因为我相信：主所做的任何事，必能持久；人自己的努力，很快会被忘记。除非有清楚的印证显示主在那个地方使用我，否则我不会答应继续受邀。我可不是受邀去演说娱众啊！

我很快便发现，教会若愿意联合邀请我去，果效更大，因此会优先考虑这样的方式。我已经在许多宗派中讲过道，从五旬节派到罗马天主教，从传统到非传统的宗派，不拘历史悠久或新成立的都有。在我思想和传讲的内容上，我愈来愈变成跨宗派的。偶尔有人问起我的宗派倾向时，我会说，我是"卫理浸信圣公会的"（Methobaptican，浸信会认可的会友，并由两位圣公会主教〔应他们要求〕为我的巡回服事按手祷告过）。我看自己则是服事基督整个身体的，或至少是任何愿意接纳我服事的基督肢体；我的服事也不仅限于各宗派里的福音派，范围广大，是跨地域性的。

我也很快发现，除非可以影响教会的领袖，否则我个人的力量太无足轻重，没办法去影响一个个教会。因此，我要把握每一次能为教会牧师、传道、神职人员及长执们开研讨会的机会。我不得不说，他们比一般会众更不容易受影响，但也更值得为他们投注心力。我过去牧养的教会已成为众所周知的教会，对于这群听众那算是优势，因为较易取得他们的信任。我亲身经历过他们面对的难题，虽然我不总是成功；不过，即使无法献出上策，至少可以表达同情。

有一个意想不到的趋势就是：我逐渐变得专门只为男士办聚会。我无法不注意到，绝大多数的会众都是女多于男，有些地方甚至到了五比一的情况。不只如此，教会中还有一种惊人的趋势，那就是女性主义的抬头，这对教义和整个风气都会造成困扰。我决心纠正这个不均衡的现象，便开始举办一至三天的聚会，题目取自启示录："归给神的男人。"（译注：Men for God，参考启示录 5 章 9 节）这实在是我做过最棒的一件事，它也是最受欢迎的。各年龄层、职业及不同性情的男士都来了，有的是劳力的，有的是劳心的。他们居然很快就被动员起来，这真的令人惊讶，只是，很少教会愿意考虑我建议的方案：每个月为他们的弟兄提供操练作门徒的机会，这可是耶稣用来训练祂教会的方法啊。有位牧师真的接纳了我的建议，两年后告诉我，他现在遇到两个新的"难题"——男多于女了，而且，太多领袖了！他一方面固然兴奋，但另方面也不熟悉该如何处理这状况。你若以为所有的牧者都喜欢这样的改变，那就错了，因为有人就是很怕女人、甚至怕老婆。有些则是没有男子气概，很娘娘腔。有些则不希望教堂座椅上的男人太强势，会跟他较量争夺掌控权。另有些则根本不想再多承担责任。可是若时光倒流，我一定要把这个放在第一优先,就像耶稣所做的。我收到许多感谢信,大多来自作妻子的,因为像是换了个新丈夫似的。

  因此,我的新服事变得很多元,也有很不同的样貌。经济上有版税收入,固然能自给自足,不过,因为没有固定的"薪水",我还是得替自己订出一些财务原则。首先,我绝不发出任何形式的乞求信,虽然我并不会拒绝任何的捐款奉献。我也绝不收取什么"费用"。有时候,人家会问我希望获得什么,我只会回答"没有"。我也不收任何车马费、讲员费,除非聚会的其他支出都已付清(场地租借、文宣等等)。我也自然变成要借宿弟兄姐妹家,而不像以前是住在旅馆。我们很喜欢接受这样的招待,尤其是在有小孩的家庭。我们没有任何教会的固定支持,只有一些个人的经常性奉献。但是,我们的一切需要都没有匮乏,我也十分珍惜这种经济独立所带来的自由。巡回式的讲道会有一种微妙的试探,就是只讲人家想要听而非需要听的。尤其是首度受邀时,不免想藉此再"产生"后续的机会和支持。我当然也不敢打包票能抵挡这样的诱惑,说自己没有任何这样的野心。

  只是,巡回事奉仍然需要一个根据地。我们在吉尔福德牧师馆的停驻,只要教会一有需要就得尽快搬离。我们该往何处去?理想上,应该是去一个我们可以作出贡献、同时也能获得支持的地方;既能被差派出去,也能回来修养生息,两相互利的关系。若是继续留在吉尔福德,这些都是我们熟悉关爱的人,他们也认识我们,看来是理所当然的选择。但有两项因素让我们不作这个考虑。

第一，我觉得这对我的继任者不公平，不论对象是谁。即使我有足够的修养，不去影响他的领导（许多人、包括我的太太，对此点都深表怀疑），但我在场就足以令他尴尬、甚至胆怯。不论如何，我一直都觉得牧师就像校长（除非是小说《万世师表》〔Goodbye, Mr. Chips，中文版由新路出版有限公司出版〕中的奇普先生〔Mr. Chips〕），应当为继任者留下可以自由发挥的空间，让他们有自己的做事方法。因此，每当我离开一个岗位，我就即刻离去，除非日后再受邀才会回来。

第二，吉尔福德出现了一个危机，促使我们非得赶快离开不可。我有一个同工，原先是我的助理，专门负责青少年事工。我出外时，他就代理我的工作，承担的责任愈来愈多。我若在外数个月，便是由他接管一切，让事务能正常运作。长老们终于同意我可以卸下工作、转而担负更广泛的服事时，他们看我反正还在，似乎一直都不够积极去寻找继任者。因此，最后我只好使出杀手锏，提出辞职并定下最后的期限。我的助理便必须再度出来补空档。渐渐地，他觉得自己应能胜任，也当仁不让地想要正式补上我的缺。坦白说，他真诚地相信，他就是那个合适的人选。但教会却不这么认为，也不准备作这个重大的决定。事实上，他们还往外头找，也正在和某人洽谈（前利物浦的"帅气男孩"〔Teddy Boy〕，他现在加拿大担任浸信会牧师；他想回自己的出生地，后来便受邀回来）。事情发展到最后，演变成我的助理带了一批年轻人、甚至还有一名长老，离开了教会，另外成立一间新的教会。只是他秘而不宣，完全没有透露任何风声，因此，这突如其来之举，让我们都吓一大跳，太震惊了。我当时在南非服事，是别人拿了一份报纸来，头条标题是："克里夫·李察的教会分裂。"看到他的名字（译注：本书推荐序之一的作者，英国著名的流行乐歌手）被无端卷入，我十分难过！报导中还说，这是灵恩派对原则和做法有分歧的又一个例子。这真令人心痛。我知道对某些人而言，我太灵恩了，但对另一些人，我还不够灵恩呢。但我们还是应该在爱里互相尊重，在和平中彼此联络啊。即使有人这样说，那也是一种借口，不应该是理由。

我回国时，生米已煮成熟饭，太迟而难以挽救了。这事件波及的范围很广。许多家庭分裂、友谊中断，我觉得好像是我的孩子被切成两半一样。吉尔福德从此再也回不去了。有一整代的人不见了，其中有许多人是我替他们施洗的。对我个人而言，我未来的巡回事奉即使有再大的发展，也都不再是完好如昔了。我们未来可能的支持者，已分裂成两个阵营。我们希望与两边都保持关系，而不希望哪一边都不认同我们。

还有另一个因素，使我们非搬离不可，虽然并不是影响我们作决定的因素。我们买不起在吉尔福德地区的房子，那是英国房价最高的区域。我们曾用积蓄在西威尔士买了一幢小木屋（位于圣道格梅尔路〔St Dogmael〕，俯瞰卡迪根湾〔Cardigan Bay〕），这时刚好可脱手在别处置产。可是，要买在哪里好呢？

我太太建议，考虑贝辛斯托克。我们很敬重也很喜欢巴尼·库姆斯（Barney Coombs）牧师；他在当地的浸信会牧会。我们风闻教会在他的牧养下，会众人数增长极多。教会全职牧者彼此的关系很紧密，与其他教会的关系也很好。我便询问，离开吉尔福德后可否与他们有所联系，他们的答复是正面的。

几个月之后，我们便开始在贝辛斯托克地区找房子，结果看上了舍伯圣约翰（Sherborne St. John）村里的一栋房子，花园里有片水池，因为以前是种西洋菜的。这地的法文为 L'Etang（是"水塘"的意思），后来我们便决定取名为"可安歇的水边"（Still Waters）。原先的房子主要漆成黑色，房间内则是鲜红、紫及黄色。当时我们正要去新西兰，便出了一个价，委托朋友帮我们提出；又留了一笔订金，并告诉他说若能成交，门和窗要漆成白色。我们返国后，直接就去到那里，当我们看见处处都是漆得鲜亮的白漆时，心跳得好快。窗子是房子的眼睛，若窗框是黑色，和瞎子没两样。教会有一群年轻人，志愿来帮我们把屋内布置得柔美些，并且刻意来迎接我们。自此，我们一直住到如今，比任何地方都长久。我们的孩子不曾在此同住过，不过，我们有一"屋子"的家禽——鸭子、水鸡、翡翠鸟、一只黑天鹅及各种的鱼。我们的孙儿会带着帐篷、食物，划船到我们建造的一个小岛上去休闲。

教会及牧者们都像家人一样欢迎我们。我也有机会教导以及扶持弟兄姐妹。这一切真是太美好了，令人不敢置信。很遗憾地，真相并非如此，我很快便发现，这里和我第一次来此讲道时已经有太多的改变（那时我还在吉尔福德）。我很自责，为什么事先没有留意到。其中一点便是，这间教会已不再是浸信会，它已脱离浸信会。现在，他们自称是"贝辛斯托克社区教会"，但也不是独立教会，而是隶属于一个位于佛罗里达的新国际组织，焦点在"五人领导"（Big Five，包括已去世的叶光明〔Derek Prince〕。叶光明牧师在其传记中承认，这个"牧羊人运动"〔Shepherding Movement，又称门徒训练运动〕是他服事生涯中少数的污点之一）。不过，巴尼已经搬到加拿大的温哥华定居。对我而言，这是一个全新的宗派，只有名称不变，但名称后来也改了。

这个运动的独特之处，在于后来为人所知的"过度的牧人监管"（Heavy Shepherding）。他们采取倪柝声（Watchman Nee）式、绝对服从某位"牧人"的教导路线。这导致教会产生阶级性的权威架构，以高压姿态掌控群羊。有些人乐得不必自己负起听从良心的责任，也不必辛苦寻求圣灵的引导。另一些人，则因自己的信念和牧者的教导相冲突而一蹶不振。"悖逆的罪，与行邪术的罪相等。"这节经文动辄被引用。平心而论，在金字塔顶端的那几个牧者，大过他们的教导，因此执行上较有弹性。但是当这样的原则传到较底层的人身上，就会产生比较紧张的摩擦。

在他们整个"系统"的根基中，我看出有一个神学上的错误，那就是把"国度"几乎等同于"教会"；因此，国度的绝对权威，被转换为教会的绝对权威。这是一个很普遍的毛病，尤其是在使用"复兴"（Restoration）这个词时，就是相信教会要建立神的国度，并且在王返回之前就要治理万国（神学术语就是"后千禧年派"）。有些领袖因为反对"弟兄会"（他们的国度观是全然未来式的）的教导，于是改采"国度在现今完全实现"的论调。耶稣的论述其实很平衡，祂的"神国"比喻有一半在今世运作，但另一半则必须到末期才会实现。已然及未然；神国已经揭开序幕，但是尚未完成。这是一种微妙的平衡，很容易倾覆而带来严重的后果。

我被分派归属于两位牧者监督，一位在英国，一位在美国。我想尽力配合，但灵里愈来愈不平安。这与我过去的教导和实践完全不合。终于产生了裂痕。他们请我讲一个题目："神的治理。"这词事实上很适合在国度与教会的鸿沟中搭建桥梁。我只能忠于我对圣经的理解，并分享我所理解的：教会，那位不会犯错的头，以及祂会犯错的身体两者间的关系，还有祂的旨意是如何传达和实践的。讲完离开时，我对太太说："我想，我刚刚把我的猪宰了。"这是个不幸的起点。不久，我便退出了这个连结网络。

如今，二十年后，状况已有改善，监督群羊不再"过度"集权。所属教会也有某种程度的自主权，但财务方面却不然。我甚至也还受邀回去讲过几次道，但破裂的关系要修复，谈何容易。

我们并没有搬离这个地区，神也没有这样感动我们，也没有其他教会主动向我们提供遮盖或作我们的依靠。我们便在圣公会教区内一间福音派教会敬拜；起初，他们邀我在大斋期间，利用周间晚上开一系列查经，或是久久站一次主日讲台，只是我一直不能算是彻底的圣公会会友。光是浸礼和主教制，就是两大阻碍，更别说一些细微的差异，像是对入会资格缺少清楚的界定和纪律规范等等。显然，他们是期待我在教义上"听话"，但不要谈那些我最关心的议题。尤其是，主任牧师采取强烈反灵恩的立场。在五旬节主日时，竟然完全不提圣灵。我问说，我可否在升天节（那是星期四）举行一个特别聚会，来传讲这个重要的福音节庆以及重要的教义，结果，他们要我把所有要讲的每个字都先写下来，交给他们看；我照做了。从此，我只讲过三次有关穆斯林日渐兴起的挑战。我感觉，大家比较信任我讲伊斯兰信仰，多过我讲基督教信仰！

因此，我只能像大家一样，静静地坐在椅子上，在自己的国家内受不到什么尊重（不过，说也奇怪，还是有那么多英国人对我的录音带、录像带和书籍趋之若鹜）。我能够理解，有些牧长认为，我若不是让人望而生畏，就是容易惹人发怒。有人告诉我，每当我走进一个房间，地板都会随着我的步伐而倾斜。又有人告诉我，人家都很怕我（意思是除非对我有所认识，才会发现所有威严迅速消退！）

我不得不问自己：到底我有没有可能以非领导人的角色，融入哪一间教会呢？很无奈的结论是，极度不可能。除了我性格和气质上的棱角之外，鲁钝而缺乏圆融，又喜欢操控别人、或孤芳自赏，还有一个似乎很难越过的基本障碍：

多年来对圣经的查考，已使我产生一个综合的信仰，难以见容于任何既有的学派或传统，甚至是基督教福音派的主流也无法融入。简言之，在我和别人的眼中，我是一个极度非正统的福音派。这句声明，非得花一章的篇幅来说明不可。

# 16
# 非正统的福音派

我童年时的饭厅壁炉,有一幅铜质浮雕,上面刻的是拉丁文的"真理得胜"(Vincit Veritas)。本仁约翰(Bunyan)的名著《天路历程》(*Pilgrim's Progress*)中的人物,最容易与此联想的就是"英勇的真理先生"(Mr. Valiant for Truth)。我热爱真理,尤其是圣经的真理。事实上,甚至达到嫉妒的程度。每当经文被人误用,偏离上下文或以任何方式被滥用时,我就会非常生气,这状况,其实比任何教会会友所能理解的还更普遍。只是,我并没权利去挑战任何人,除非,我自己先尽力把经文好好地诠释。

我们都容易从自己的文化偏好及个人性格的角度来读经,寻找自己想找的,把圣经原来没有的意思读进经文里去(这叫"私意解经"〔eisegesis〕源自希腊文 eis,意思是"进入"),而不是将经文原本的含义读出(这叫"正意解经"〔exegesis〕源自希腊文 ex,意为"出自")。影响我们偏颇解经的原因,不止上述内在的因素;还有,我们受教环境的传统也扮演很重要的角色,往往会蒙蔽我们的眼光而看不见别的观点。

我曾经被别人问起：我的讲道受到谁的影响最大？我总是回答：我太太；她是我最热情的粉丝，同时也是最严格的批判者。但这个问题通常是想问，哪些传道人。我想，我可以从两方面来看。若不假思索，我会说，父亲对我的影响很大。他是以攻心为上，然后才能左右人的意志。听他讲道，真的很难不受感动。他佩服两位讲道"英雄"，一个是朱伟慈（J. H. Jowett，人称"讲道王子"），另一个是撒母耳·查威克（Samuel Chadwick，是克里夫学院〔Cliff College〕的校长）；他们是我讲道学的师祖，虽然我从未见过他们。

若说有意识地学习，我真正只模仿过一个"楷模"鲍伯·默利（Bob Morley）是20世纪50年代，我在昔德兰群岛时结识的一位带职事奉的牧者。赞美主，能在我那么早期的服事中就结识彼此。我们所有的人都被他所吸引，虽然他的名气一直不大，可能因为他十分谦逊。他的讲道以两个特点直透人心。一个是清楚。他不会讲一些模棱两可的东西。每一点都简单明了、直截了当，让人容易掌握，好像基督传讲的方式一样。听到这么清楚的讲道，真是一大乐事。但我了解，这是出于他清晰的思维。尤其是我曾经有段时间与他同住，很佩服他经常花功夫钻研、和一些议题缠斗，非得自己先彻底搞懂不可。我下决心要学他这一点，希望听我讲道的人，也能发现我的讲道非常清楚，像我发现他的讲道非常清楚一样。

他另一个了不起的特质，就是诚实，尤其在处理经文方面。他从不回避"难解"的经文，即使最令人困惑的经文，他也是正面迎战。他也不随意迎合哪一派的神学论点或传统说法。简言之，他就事论事、实话实说，不趋炎附势，也不胆怯退缩。他是神话语的仆人，而不是用神的话来服事自己。他从来不曾想过这样解经合不合我的理念，或是合不合某些举足轻重人物的胃口（或许这也是他始终无法成名的另一个因素）。他就是从最单纯的角度来处理经文，然后与人分享；不计代价，不考虑后果。我也下定决心要学习他这一点，在解经的事上，对己、对人都一样诚实，就像他一样。

但这样纯全的专业操守，也有不利的地方，就是必须付上一种代价，在教义上难免变成孤掌难鸣，会从当代的传统中被孤立，甚至被列为非正统（倘若没有被列为异端那么严重的话）。教会历史中，有许多传统其实是源自一些人所订的规范，而不是使徒所传承的正典，但却一直影响着历世历代的传道人。直到今日，即使是那些口口声声说，圣经是他们的最高准则，甚至是信仰与行为"惟一"（sole）权威的人，也是如此；这样的发现，不断地开了我的眼界。

假如"福音派"的定义是指：所有最终裁决都诉诸神的启示，亦即被称作圣经的那66卷正典；那么，我很乐意贴上"福音派"这个标志。我终身以"圣经教师"为职志，谁也无法找到我对圣经的神圣根源这一点有任何怀疑。后人对我一生所做的其他事可能不复记忆，但一定会记得我是圣经教师。这也意味：我曾耗费极大心血，从事对经文的查考。

不过，我是以敞开的心来读圣经，不受别人的偏见（译注：pre-judges，就是先入为主的判断）影响。从耶稣在世的日子开始，人类自以为是的传统，就不断玷污神的真理；我要寻求的是纯全而不矫饰的真理。既然知道祂警告我们不要追求被人推崇，我谨记在心，要把求名声的念头抛诸脑后。我要竭尽所能地研读圣经，以求获取结论、得出观点，再将这些成果以清楚、明确的方式教导别人。我这样做，完全不计代价，也不在乎会有什么后果。我是以这样的心志，奉献自己成为神话语的一个出口。

这不意味我认为自己的解经不会犯错。有一次，我对一位罗马天主教的神父说，我很羡慕他的宗派，只有一位无误的发言人。我又说，我们新教有千万个呢（这是源自改革宗的信念，相信"各自解经的权利"，原先是为了对抗天主教官方独霸的解经权）。这也不是说，我不把别人的解经看在眼里。我的书架上摆满了成排的注释书，我也会刻意多买观点迥异的书来研读。其实，我满担心自己处于少数阵营、甚至只有我持独特观点的时候。可是，一旦把自己的观点再三与别人核对，仍然发现自己的观点是正确无误时，我就会勇敢地坚持说出自己的观点。不瞒你说，对于雅各书中师傅要受"更重的审判"，以免他们误导别人，我是战兢以对的。绊倒别人的，不如在他们的颈项系上磨石，丢入大海。

## 非正统的福音派

然而我发现，这样耗费心思、忠实地研经，所获得的诸多观点，竟还是与福音派大多数同道的看法相左。本章的标题就是因此而得。我是一位"非正统的福音派"人士。我无法融入福音派的主流，但我比较喜欢说，我不是你一般会见到的福音派人士；两种说法其实相当不同。

对于那些好奇心因此被挑起的读者（到底大卫·鲍森有什么特殊观点啊？），我不得不举几个例子。我只能简短说出这都是些什么观点，但篇幅有限，恕不在此赘述了。我在别的书中曾经讨论，其中有两点前面的篇章也解释过，因为那在我的服事中扮演了很重要的角色。

我打从灵恩运动的初期就是拥护者，因为我深信，灵恩运动恢复了新约圣经的好些面向。然而，大多数福音派人士却相信，这样的事，早已随着使徒时代过去而停止了；圣灵的工作，如今也只留在圣经中供人景仰。我们受到人们以怀疑的眼光看待。我是第一个以"灵恩派"自居，在福音联盟的年会中，主讲这个题目的人。感谢当时大有信心的总干事吉尔伯特·柯比（Gilbert Kirby），因为我在那里，好像但以理书中那头著名的狮子。不过温约翰（John Wimber）出现时情况已经改观，尤其在年轻人当中。他相信，只要不提"五旬节"派"受圣灵的洗"及"说方言"，就足以说服福音派人士接受圣灵所赐的超自然恩赐；这样的妥协颇为成功。因此，我拥护灵恩的立场也就不再显得那么突兀，虽然我对"灵洗"的诸多观点，与福音派、甚至大多数的五旬节派，都还有很多的不同。在两派中，我成了夹心饼干。我在《耶稣以圣灵施洗》（*Jesus Baptises in One Holy Spirit*，繁体中文版由台北灵粮堂出版）这本书中，有详尽的解说。

在英国的基督徒群体中只有极少数和我一样，相信犹太人仍是神的选民。因着神信守祂的应许，要使他们成为一个大国，只要"那使太阳、月亮、星辰发光，又使海中波浪匉訇的"仍然存在（参考耶利米书31章35～36节），祂一定会使他们从被掳的光景"再次"返回自己的地土。但是，英国大部分的牧者都教导说，教会已经"取代"了神对以色列的眷顾和目的。关于现代的中东危机，大家反而对"被占领"的巴勒斯坦人表同情（我就听过，耶稣也是"一个巴勒斯坦人"的说法）。同时，基督徒与穆斯林也有愈来愈多的连结（而且，愈来愈多人说，阿拉与圣经中的神是同一位，没有差别）。

身为灵恩派及锡安主义的一份子，使我与绝大多数的福音派有所区别。但另外还有许多议题，有些是与救恩直接相关的。基本上我认为，得救是一个过程，而不是瞬间发生的事情。得救包括三个层面：从罪的刑罚中得救（称义）；从罪的权势中得救（成圣）；从罪的存在中得救（得荣耀）。大多数的福音派理论上同意这些，但实质上，牧师在使用"得救"这个词汇时，用的都是过去式（"我在某年得救"，"上个主日，有某某人得救"），而新约圣经用的则是过去、现在及未来式（"我们已经得救"、"正被拯救"、"将要得救"）。而且，大多数指的是未来的得救。我"非同寻常"的观点在于：得救的过程是如何开始的，以及如何持续的。

对我而言，要进入神的国，新约圣经列出四项的基本要素：向神悔改、信靠主耶稣基督、在水中受浸，以及领受圣灵。在我的书中，我称这样的组合开启了"正常基督徒的诞生"。但是，能同时具备的真是不多。许多基督徒的诞生是"不良的诞生"，忽略了一个、两个、甚至三个要素，却被告知：你已经是基督徒了，已经重生了，已经在通往天国的路上了。难怪有许多软弱不堪、病恹恹的婴儿，婴儿的夭折率也十分高。牧师和传福音的人，若能认真应用我的教导，都能加以证实，且大大提高悔改归信者的质量；相对地，大多数教会仍采用十九世纪美国奋兴会的简易模式，只有讲台呼召及认罪祷告，而不要求悔改的行为；不必受洗，不需要经历领受圣灵。

福音布道时已经不再提起"洗礼"，这真令人惊讶。它沦为教会礼仪中的一环，这当然是因着过去几世纪以来，各自承袭了不同的教导和应用之故。若要提出来讨论，就会受到威胁说这影响合一；因此，好像有一种默契、甚至是一种阴谋，认为它只是一件"次要"的事，尽管耶稣在"大使命"中是那么明确地提到。对此，我已经分享过我受到的"启蒙"。我除了认定全身浸入水中才是正确的方式（因为清楚包含了"洗濯"及"埋葬"的意思）；另外，我对于婴儿洗礼也持保留态度，不论是洒水、倒水、甚至浸入，原因是：婴儿洗不具有圣经赋予洗礼的意义，洗礼只能针对悔改认罪的信徒。也因此，洗礼就失去了圣礼的效用，沦为空泛的象征；只是仪式，而非真实的行动。但新约圣经说到的洗礼，对于真正悔改信靠的人，的确能达到所代表的意义。

不过，关于救恩，我与福音派不同之处主要在于：得救一旦开始后，过程是否会中断（他们大概会同意）、甚至会终止（他们一定不同意）？透过查考圣经，主要在马太福音及启示录，我确信"一次得救，永远得救"的概念是不合乎圣经的。这句话也不是圣经上的话，是出自加尔文（Calvin）溯及奥古斯丁（Augustine），但也只有他们如此说而已。在使徒之后的教父著作当中，有八十多处的勉励和警告，指出很不同的方向。我在著着《一次得救，永远得救？》（*Once Saved, Always Saved?*，繁体中文版由以琳书房出版）中已将这些经文列出，并加以解释。我们在老掉牙的"得救"术语中常使用过去式，仿佛已经圆满结束，这很值得思考。当我宣称"我尚未得救"时，会众都很震惊！但是，我已经走在"（得救的）道路"上。我正被拯救，并且期待继续从我所有的罪恶捆绑中得救。全然有神的形象以及基督的样式，得以进入新天新地，而不致玷污那有义居在其中的居所。这才是救恩，也是马利亚之子被命名为耶稣的原因。饶恕，若没有圣洁，那是不够的。有一日，我妻子的丈夫要成为完全。她告诉我说，倘若按照经验，她真的无法相信，但我督促她要按圣经所言而信，我对她也是一样。

关于未来的得救，那不只是一种个人的盼望，更是整个世界、包括所有受造之物的救赎。论到历史的终局（希腊文称为 eschaton，英文的"末世论"〔eschatology〕由此而来），再没有哪件事比这事更厉害地分化着福音派。我们相信"末期"会如何，将深深地影响我们对今世的观点和言行。我很早就确定我的观点，虽然后来深入研究了其他不同的观点，但至今仍不觉得需要改变。我属于所谓"典型的前千禧年派"。所有的福音派都相信耶稣会再来，但关于祂再来的目的是什么、会停留多久，就有很不同的观点了。有些人认为，祂只是要来招聚祂在地上的子民，并在转眼之间将他们都带去天上。另有些人认为，从教会背诵的信经得知，祂还会停留一阵子，"审判活人死人"，决定每个人永恒的命运是上天堂、还是下地狱。但我从圣经来看，这样的审判只有等到我们的宇宙都消失不见时才会进行。我相信的是，祂再来，是要来治理、作王一段时间，就是所谓的"千禧年"，这也是启示录六次提及的"一千年"。万王之王再来，是要建立祂"在地如在天"的国度，如同我们每次使用"主祷文"祷告那般。我并不相信我们现在已经进入"千禧年"（所谓的"无千禧年"论），也不相信耶稣再来前，教会有一日要统治这个世界一千年（所谓的"后千禧年"论）。我也不相信耶稣会再来两次；第一次是"大灾难"来临之前悄悄地把教会"提走",第二次则是公开地提走（这是"时代主义"的观点,最初源自弟兄会,后被五旬节派所采纳,并在美国福音派中普及）。因此,我发现自己是属于少数人的观点,但我一点也不怕宣告我的观点。我相信,那是新约圣经中所说、等候"所盼望的福",深信有一日耶稣要以公义统治全地,从公义中有平安流出。否则,对这世界所预告的所有应许,都要改为对另一个世界的应许,撒但也会变成是左右结局的那一位。我在拙著《当耶稣再来》(*When Jesus Returns*,繁体中文版由以琳书房出版)中,列出各种观点的概要,并且针对早期教会的一些共识提出我的论点。

有些人认为我在神学上太"颠覆",是个左派分子；但在某些教义上,我又属右翼,"保守"得令人吃惊,比我同时代的人都更保守。我举两件事为例。第一,我公开支持传统对"地狱"的观点,认为那是死人"昼夜受痛苦,直到永永远远"的地方,这是引用耶稣说过的话（参考启示录 20 章 10 节）,我按字面意思相信。因此,当福音派领袖拥护"灵魂灭绝说"(annihilationism)时,真是令人震惊。主要为圣公会人士；在这个观点里,地狱是人被湮没、罪人被全然灭绝的地方。但因为"无梦之眠"(dreamless sleep)看起来不算是太可怕的命运,因此,抱持灵魂灭绝说的人并不传讲他们的观点,也就不足为奇了。何况,我们已知有关地狱的信息,绝大部分来自耶稣亲口的讲论,而不是出自先知或使徒的口。因此,我不得不相信、并要传讲祂的教导。但是，阅读着着《通往地狱的不归路》的读者，读到我指出主耶稣所有的警告，除了两点例外（针对"法利赛人"），其他都是对祂的门徒和使徒说的，也就是已经"从神生的"人，读者们真的吓坏了。这也是我坚持质疑"一次得救，永远得救"论点的主要因素之一。读者的谢函令我十分感动，许多人只是要告诉我，这书帮助他"恢复对神的敬畏之心"。耶稣差派使徒们出去服事时，祂告诉他们，不必怕那会杀他们的，"我要指示你们当怕的是谁：当怕那杀了以后又有权柄丢在地狱里的。"（路加福音12章5节）

我第二个"保守"的观点是，相信男士在教会及家庭中有领导权。我相信这是神赐下的角色及责任，与谁更优越无关。神造我们有男有女，男女有别，功能互补。当前，无论是教会圈内或圈外，这种模糊化的趋势、甚至想要抹杀两性间的区分，是来自世俗化的灵，而非来自圣灵。当然，这问题来到高峰，就会碰到"女性按牧"成为领袖的问题。但我总是告诉别人：倘若基督的身体一直都习惯这样划分：神职人员与平信徒，全职与带职的基督徒，尤其教会又习惯以前者作思考的话，那我会对现存的男性按牧同样不满。拙著《男人当家》（*Leadership Is Male*，繁体中文版由以琳书房出版，书名是出版社从我列出的六个名称中选出的），可能是我的作品在1998年中，最为人所知、但又最少人读的一本。有间书房要卖这本书时，还得从柜台下层的棕色纸袋中取出。另有一间书房，在橱窗陈列这本书时，店外就有一群女性主义示威群体在抗议。我有一整叠读者对这本书写来的谢函，全部都是女性读者！在内心深处，绝大多数女性希望看到男士们担起责任，让她们可以依靠，获得供应和保护。在德国杜塞道夫（Düsseldorf）的一个大会中，我第一次将这材料分发给几百位女性。会后，有位女士来跟我说："我们从你身上听见这样的真理，但我们从你妻子身上得到印证。"不过，有位圣公会的主教，他在书评中这么写道：

搜寻圣经经文，只能找到父权领导、或是男性领导的例子，作为两性关系的典范，他当然对。这正是圣经所说、但被我们连同许多其他东西，一齐抛弃掉的东西。鲍森先生的难题，注定会成为悲剧。他是个善良仁慈的正人君子，又是优秀的基督教领袖，只是，他完全被基要主义者诠释圣经的方法给绑住了。这使得他必须始终如一，或是像圣经要求的那样一致；不过，他相信自己正在做的，是圣经吩咐他去做的……

真是对极了，我自己也不会说得比他更好。除了他带着轻蔑口吻来说"基要主义者"这个词之外，他其实满正确地描绘了我的人生和工作。

在道德规范方面，我也有一些特别的信念，全部源自我查考圣经的心得。例如，我不认为外邦人必须遵守摩西的律法，奉献十分之一的金钱、或把七分之一的时间给神,虽然许多教会教导(根据?)要十一奉献以及守主日。但摩西律法对于不遵守律法者的咒诅,他们却回避或跳过不讲。

我最不受欢迎的教导便是:虽然耶稣容许因配偶犯奸淫而离婚,但祂却声称,所有再婚者是犯了淫乱。即使祂容许某一类的例外,但今日能合格者并不多。今天无论在教会内或教会外,换婚姻伴侣的情况都相当普遍(英国的纪录居欧洲之冠,仅次于美国),即使在福音派的主流中亦然。这种情况令我相当不安,即使在我的朋友圈和亲人中也是如此。

要结束本章之前,不能不再写个几句把话说清楚。

首先是,在信仰中许多的主要教义上,我是个彻头彻尾的正统福音派。例如,耶稣有完全的人性和完全的神性,道成肉身、被钉、复活、升天、再来;圣灵的位格;三位一体的神格等。凡是熟悉我讲道的人,都不需要我再作什么保证,就能确信我对这些基要真理的坚定立场。

第二,关于解经,我从未宣称我是最权威、绝对无误的。许多人都听我说过:我请所有的听众将我所说的,拿去对照他们的圣经,倘若找不到根据,那就别信,免得受害。

第三,我若默默相信这些教导,其实对我的事奉没任何影响。但公开教导却要付上代价,尤其是当我改为巡回事奉之后。很少有牧师,能放心地让会友听到另类的解经，并挑战他们好好思想（平心而论，当我牧会时，我也不认为自己是这样的牧师）。许多门对我是关闭的。举例来说，有一回，我接到邀请，要在坎特伯雷大教堂（Canterbury Cathedral）向一群大多数是圣公会代表的会众讲道，我答应了邀请。聚会前的两个礼拜，主办人打电话给我说，他的委员会现在要求我作出承诺，不要提到洗礼的事。我告诉他，我原本就不打算讲这个；但是，我在任何地方讲道时，从来没有被要求可以讲什么、不可以讲什么，所以，还是请他们另请高明吧。他们这样的要求显然缺乏信任，虽然我也十分了解，我直率的名声，这下大概又多了个实例。我就是没办法隐藏我所坚持的观点。

第四，我如此不轻易附和，自然会变得曲高合寡、孤芳自赏。我常觉得自己好像是旷野中呼喊的声音，也巴不得自己能随意附和别人所信的，好得到别人接纳、或别的传统认可。但我就是无法无视自己的专业操守，我不能不追求经文的真义。尤其是，在救恩论上，当别人称我是亚米念派（Arminian）时，无形中就切断了我与当今福音派主流的往来，因为他们广泛地以加尔文派的改革宗神学（Reformed theology）为是。只是，我实在没办法在我的圣经里，找到他们"五个要点"的依据（完全败坏、无条件的拣选、限定的救赎、不可抗拒的恩典，以及圣徒的恒忍、或者更好的是说圣徒蒙保守）。这样的教义，只能留给我一种印象：神并不希望"万人

## 非正统的福音派

得救",而且,祂像是用尽力气,要去勉强少数祂想要拯救的人得救,而不顾这些人愿不愿意合作。这根本不是我从基督身上所认识的神。但是,身为少数派着实痛苦。我很感谢仍然有人尊重我的信念,即使他们不方便站出来分享这样的信念;同时,这少数有限的人,也乐意与我维持美好的肢体关系,尽管我们有如此的差异。

最后,我必须解释,为何要在一本自传中,加入这样一章充满神学的论述。即使是牧师的自传,这好像也是少见的做法。但我若要讲到自己,实在没办法把我的信念割离。这些是我的一部分。我为这样的信念而活。要把我热切拥抱的东西挪走,那就根本没有什么可以留下了。当我能与他人分享我的信念时,无论对象是个人或群体,那就是最真实的我。已经有人注意到,我在分享信念时最是"生龙活虎";我觉得,那是最真实的自己。在希伯来文和希腊文中,"真理"(true)与"真实"(real)这两个字是同一个字。在谈论、处理有关真理的事时,我与"事实"(reality)的连结,也最深和最紧密。

这一切就能解释,为什么福音联盟的一位前任主席摩根·德罕(Morgan Derham),会称我是"福音派圈子中的以诺·鲍威尔(译注:Enoch Powell,英国政治家、作家、军人,遭到革职的国防大臣,1912～1998)。多么巧妙的类比啊!

# 17
# 负担、著作及圣经

活到七十五岁,我想我已进入事奉的最后阶段。但是,过去这些年,神还是让许多令我惊奇的变化临到,因此,我也不敢保证日后不会再有。我已经从事巡回讲员 25 年之久,我的讲道风格和内容当然会有所改变。

比如说,我这些日子的讲道变长了。我在一个地方通常只待几天,若要讲一些值得讲,并让所花时间、经费都合算的话,自然要用十足的升斗"连摇带按、上尖下流的"量给人。我平均都要讲九十分钟,因此,不符主日崇拜的规格,尤其是早堂,有不同的"家庭"群体。信不信由你,直到现在,我若看到听众无法专注地听,我就会停下来,因为那是坐立难安的第一个迹象。但是神似乎特别恩待他们和我,通常都会加力量给我,使我能将心中所想到的一切分享出来。

但有一样不同的是,我不再作一整卷的解经讲道了,那其实是我的初恋,有人还说是我的强项。我对此非常怀念。能定期与同一群会众见面,而他们又已适应我的风格,因此更能从中获益,这是非常值得的事。这样一系列的解经,累积下来的影响自是十分可观。

如今，我比较像是个陌生人群中的陌生人，无论是我或他们，都不知道我们该如何彼此契合。我们必须尽快地建立关系，好让沟通成为可能。特会的主持人往往会介绍我是"争议性人物"，这不但没什么助益，反而会增加需要努力克服的疑虑。说真的，有很多听众会后来找我时还很困惑，为何主持人要用那样的形容词介绍我。

巡回式的服事，还会多两种不确定性，我至今仍觉得很不容易面对，那就是：要去哪里？要讲什么？我不可能答应所有的邀请，因此，要不断作取舍，这当中还要省察自己的动机。当然，事先能尽量了解邀请单位的背景、为什么要办聚会等等，都会帮助我作决定。我会直接询问，也进行间接了解。我向来不会直接在电话上回绝或接受邀请，而是以信件为之，自己也可存档。我的主要原则一直都是：选择需要我去的地方，而不是想要我去的地方。

我渐渐比较知道如何分辨了，但有时还是会犯错。每当我作错抉择，通常在我起身讲道前就心里有数了，那真是不容易面对的局面。有时，我一开始就请会众原谅，也求主赦免、求祂怜悯，无论如何还是要祝福这个聚会。有时候，我讲完第一堂就提早离去（有一次这么做了，反而比留下来继续讲的果效好）。有一回，在一次全国性的聚会中，我原本一天该讲三堂，但在前一天晚上，我与主办委员碰面时就告诉他们，神不要我隔天上台讲道。两位年长而敬虔的女士爆笑出声——我发现，

## 负担、著作及圣经

她们是松一口气的样子。原来，两天以前神就告诉她们，我不是该上台讲的人，她们正在发愁，不知到底该如何向我启口！我很快就发现，整个场面隐约有一种伪善的气氛，令圣灵担忧。会议快结束时，神仍给我机会说了一段简约的话（关于"顺服"），后来，也在新的决策下有全新的开始。我将来或许该写一本书，名为"如何失去朋友却还能影响人"。

大多数我接受的邀请，仍证明是来自神的意思。但现在另一个问题来了：我要讲什么呢？因为我在每个地方只会待一两天，这样，又要回到传讲"专题"的方式了。尽管内容还是完全取自圣经，但比较不是依据几节经文、甚至一整段的经文。而且，要讲什么题目，什么样的主题或议题呢？

我也同样用"去哪里"的原则，来决定"讲什么"，亦即要讲的是听众"需要什么"，而不是听众"想听什么"。或许，这是我赢得"争议性人物"称号的部分原因。但我实在看不出，为什么要讲大家都已经知道、相信的东西。我想拓展大家的认知和经历。

偶尔，我对某个特殊领域的认识，也会引导我决定哪些是"非讲不可"的。但更多时候，我都是讲听众可以应用到许多层面的普遍原则。牧养的服事，容易犯一种错误投射的毛病，就是把地方性的场景放大到画布上。倘若地方教会很有活力、成长很快，很容易以为大复兴已经不远了。又假设一个教会已奄奄一息，也别以为末日的大沉沦业已来临。巡回讲道的好处就是，可以更正确地了解全局。比方说，虽然有几个令人兴奋的例外，但普遍而言，全英国的教会是处在严重的衰退中，到一个地步，已经来到致命的出血点了（倘若最新的趋势统计可信，到2040年这时刻就来临了）。

因此，在巡回讲道的过程中，我的心不免沉重异常，我只能以"负担"来形容。这可分为两种：教会不应出现的状况，以及教会应该具备却付诸阙如的。于是，我便开始以我从圣经所领受的为基石，朝这两方面来传讲。每当有机会与教会领袖分享这样的负担时，我总是充分把握机会，深知牧者对群羊负有重责；除非牧者改变，否则群羊不会改变。

凡是持续接触我的录音带和录像带的人都会明白，我分享的"负担"是怎么回事：从漫不经心的敬拜（敬畏与虔敬哪里去了？），到肤浅的福音布道（悔改与受浸哪里去了？）。这份专题清单相当长，例如探讨：女人当家（在教会及家中）、道德自满（受到"一次得救，永远得救"教导的助长）、每况愈下的标准（谈离婚后的再婚）、神的道与神的灵渐行渐远（曾经有一度二者会合过）、基督徒与穆斯林在信仰上的对比（谈前者的衰退），以及最显著的现象：自由派普遍渗透到福音派的现象（地狱不再是永远的痛苦，十字架不再是代替我们的罪受罚）。这一切的议题，背后存在的最主要因素：人不敬畏神，以至于不再强调神的公义，无论祂作为救主或审判者。

## 负担、著作及圣经

我大部分传讲的都不是新的东西,无论是对我、或对听众,只是我的讲道当然有较锐利的一面。我渐渐获得"先知"的称号。我不会如此自称,只不过,我若相信这是我的恩赐和呼召,我也会毫不犹豫地使用这样的称呼。但我已说过,我已从"牧养的教师",转变成"先知性的教师"。作为名词的先知一词是较伟大的,并未改变;作为形容词的先知一词没那么伟大,却已经改变了。圣经中的先知亦被称作"先见";他们像神一样看祂的百姓和一切的处境,然后将神的话传达出来。我发现自己在某种程度上,正在做这样的服事。

但是,要在一次又一次的聚会中大力传递这样的负担,本身实在是极重的担子。我被赋予这能力去发展这负担,并且要把听众的回应加进去。只是,所传的信息无法总是保持新鲜,因此,只要我一觉得道不再活泼,我就会停止传讲。通常在那些有需要聆听这信息的场合,传讲几次后就会停止。当然,录音带可以继续传播,但无法太远。我向主祈求,向我显明另一种可以接触祂百姓的方法。令我惊讶的是,祂透过一节经文回答我(这方式,我从未采用也不鼓励,因为明显是把一个意思读进去经文中,其实并不符合上下文的原意)。我的圣经正好打开在耶利米书30章2节:"你将我对你说过的一切话都写在书上。"我把日期写在经文旁边:1985年4月18日。

有位出版商几年来一直催促我,要我把手稿交给他出版,但我一直拒绝。我没有意愿也没有野心成为作家。事实的真相是,其实我可能就是个一直想把额外工作抛开的人,就是想偷懒吧,我想。最后,被逼得实在没办法,我只好答应,把某系列的讲章改写成书籍。替我操刀的人是大卫·温特(David Winter),他当时主掌英国广播公司的宗教部门。结果便是《实话实说》(Truth to Tell,暂译)诞生了,神使用这本书帮助了许多人归信基督,其中一位就是吉拉德·威廉斯(Gerald Williams),电视台的体育节目讲评员。可是我铁了心,不管该书多么畅销,这是第一本,也是最后一本了。

只不过,神告诉我,既要作传道人也要写作。我不敢拒绝,但写作实在是个新领域,我甚至不知道我能写东西。我早已知道,若把我的录音带逐字记下成为文字,那远远不是适合出版的东西。很多人尝试过了,很快便发觉,我讲话的风格就是不该以这种方式来传递。或许是因为我从未写过一篇完整的讲章或短讲,我的习惯是根据笔记的要点自由地讲。"冰冷"的文字缺乏声音的语调、脸部的表情和肢体动作,因此,需要补上一些使文字"活化"的元素。

但若是神要,那么祂就要负责给我能力。我二十本拙作的销售,似乎可以确认祂的确赐下能力。绝大部分都再版了。因此,我的负担印成了书,把我的信息带往更远的地方,比我的脚跨越了更广的区域。

我写书的方式,与我预备讲道的方式类似,这在前文已经提过。最后一个阶段就是一大叠的纸，写满了要点，不过，写作的要点会更多。然后，我会坐下来，奋笔疾书，若可能，就是除了吃饭、睡觉以外，都不间断地写；否则，我会忘了原先已写过的而重复再写。我从不用打字机、文字处理机、更别提计算机了。我的钢笔和脑袋好像是一体的，可以分秒不差地共同运作。偶尔，我会涂掉某个字、某个词组、某个句子、或某一段，但从不作大幅修改。出版社的编辑们也不会，不过，这本传记是个例外。不用说，本书是最难写，也是写得最慢的一本。

我写的书，最重要的有两本，第一本是《如何带领初信者》，探讨如何成为新约圣经中的基督徒，以及最后一本《新旧约纵览》（*Unlocking the Bible*，繁体中文版由米迦勒传播出版）。最后这本书，本身就是个故事，我一定要在这里说说。

前文已提过，自从我的服事转型后，我就很怀念之前可以专心教导圣经的机会，对此总觉怅然若失。殊不知，主仍然给我一个惊喜，可以说是我事奉的一个巅峰，也因为这样的服事，使我广为人知和被人所记念。只是当初刚开始时，谁都料不到最后会产生这样显著的果效，不论是我或这世上其他许多的人。

在泰晤士河畔的古城威临福（Wallingford），有两间教会合邀我去给他们的会友讲课，目标是要鼓励会友养成个人研经的习惯。我们排定了一个系列的课程，用四个月的时间，每月一个主日晚上、每次上课三小时，中间有短短的休息、喝咖啡的时间。每一次，我会介绍圣经的一卷书。我的目标有两个：要激发他们的兴趣，让他们迫不及待想开始读；另外，要提供足够的帮助，让他明白这卷书的概要，使他们一旦开始读了，就能够懂得如何去探索而兴奋不已。我又建议每个参加的人，要把授课的那卷书读过一遍——上课前一遍，上课后一遍。还有，接下来那个月的讲道，就是依循这卷书的经文，家庭小组内容也以这卷书为主。因此，每过一个月，大家都会对圣经的某卷书比较熟悉，也能享受那卷书。

结果超乎预期。因此，他们又邀我，要在接下来的六年中继续授课，以便完成圣经的六十六卷！我大笑说，那时候，我可能已经回天家了。但他们很认真，我也只好答应。我说，就继续教到我没办法教为止。结果，真的上完了六十六卷。

我和他们一样兴奋。逐卷地查考整本圣经，对我们每个人都是件新鲜的事。我曾经作过几卷逐章的查考，但这回不一样。我总是一直强调，神从来不希望也没想过要把祂的话语，分成一章一章、一节一节的，不过，祂确实赐给我们不同的书卷。圣经不是一本书，而是一个文集（Biblia 这个字的希腊文及拉丁文，都是集合名词）。凡是逐卷查考的人，主都会把最珍贵的宝藏赐给他们。最差劲的方式，就是把圣经看成装满了彼此不相干的一节节经文，随意抽取，再按读者自己预设的前提和偏见来组合。我每个月深深埋入一卷书的经文中，获得了许多新鲜的启发，这让我和听众都非常兴奋。我终于领悟到，打开整本圣经的钥匙乃是：去问一个问题："写这卷书有什么用意？"我总是会得到许多不同的答案，但结合在一起，就显明神丰富的智慧，无论是祂的心思或意念；最重要的，就是神对祂的创造及一切受造物的全面性旨意。这真是令人大开眼界，神的启示就是这样。

每卷书的导论所录制的录音带，也开始广为流传，只是很快便传来一些不满。这是因为我在授课时，惯常会使用一些视觉教材来引发兴趣——大纲图示、地图、照片及模型等。录音带却只能听闻其声，听众愈听愈无趣，自不意外。拍摄影音产品已是刻不容缓的事。

这就意味着，我得重复之前讲过的系列。我想到就害怕。我还记得当时想，倘若这是出于神的，祂非要赐给我在地上多一些年日不可。结果真的做到了！我们向哈特福郡的海利会议中心（High Leigh Conference Centre）一口气租借三天，又向电视台租借摄影机、灯光设备，然后将大厅改成临时的摄影棚。我们又邀了大约一百名听众，因为我需要一批听众来对话。每天录制六个节目带，每个人都精疲力竭。记得有一天，是下午的时段，有一整排听众因为太累，都开始打瞌睡，摄影师只好悄悄地把镜头转向那些还醒着的人。后来我觉得，其实拍个打瞌睡的镜头也蛮有趣的。幸好，打呼声没有录进去。

当这个回合完成时，我真是大松一口气，以为从此可以挥别这一切；想得美！哈珀·柯林斯（Harper Collins）出版社的编辑詹姆斯·卡特福（James Catford）找上门来了。他要出版这整个系列。他说，这是我能为"基督身体所留下来的产业"（我认为他会证明他是对的）。我回说，若要我再花时间撰写这么庞大的材料，我办不到，但是若能找到有人愿意也能够将录音带、录像带的内容改写成书，我乐见其成。安迪·培克（Andy Peck）当时已是基督教圈中一名很杰出的记者，若由他来接手，再适合不过了。他们支付他费用，但我拒收任何预付版税，事实上，出版后也没有收取。初版八册售价超过六十英镑，对市场来说价格太高了，连我最热情的粉丝也买不起。结果，出版社赔了数千英镑。

　　我十分确信，若改成一本平装的合订本且降低售价，一定会更好卖；而且我相信，书的内容是大家很需要也会想读的。詹姆斯已经转去圣经公会（Bible Society）任职，遂由我表弟的孙子担纲，我想，他大概能助我一臂之力。他体谅我的需求，但还是花了一点时间评估，是否要冒险接下改版的工作，因为之前的销售成绩太差了。最后，他终于承接下来，结果一路长红，成为宗教书籍圣经丛书类的畅销书——这本书有1300多页，定价不到十英镑。出版社不仅弥补了之前的亏损，我也得以收到第一笔版税。但我真正的喜悦是，许多基督徒又开始读圣经了，而且读得很开心。对祂话语的爱慕，也会增强我们对祂的爱慕。

同时，我的录像带和录音带，也蒙海内外许多广播电台及电视台采用。说真的，制作这些影音产品时，我脑海中并没有想到可能会接触更广泛的听众。我在教导的时候，能够忘记这群广大的听众，我为此感谢神。即便有想到，我也感谢神，为着祂赐给我的恩宠而感谢——每天 24 小时，可以在世界各地向这么广大的群众教导真理，我从来不曾有这么多听众，也从来不曾梦想过有这样的机会。只有神，能使这一切成真。

# 18
# 两人都爱上同一人

有些读者读到这里，可能开始有点失望了。我只提到我的太太几笔，儿女就更少了。我相信你们一定对他们很好奇。我原本大可请他们各自写一点的，但事实上我又不敢这么做。他们知道太多内情，而且都是心直口快的人。不过，我写的这些，在出版前都让他们过目了。

我十几二十几岁时，交过好几个女朋友，但去剑桥读书时，我是当时少数几个没有未婚妻的人。一个我刚认识的救世军少女来剑桥看我。其他同学把我的书房兼卧室的墙壁，贴满了他们各自的未婚妻的照片，暗示说，我的进度未免太慢了；可能我确实有些慢。我就一直单身到毕业，成为一位开拖车在南约克郡（South Yorkshire）宣教的宣教士。

我在遇见我的妻子之前，对我的岳母印象很好。当时，我的同工和我正在冈尼斯的亨伯赛德村（Humberside）宣教，村子座落于斯肯索普这个钢铁重镇的山丘下。我们都是自己做早餐，而另外两餐则在当地卫理公会的会友家吃。我们以各地卫理公会的堂会为基地。裴柏汀（Pepperdine）太太是烹饪高手，不过，吸引我的是她和蔼的性情和笑容。她有个女儿已出嫁,在非洲的安哥拉(Angola)当宣教士。另一个仍待字闺中,她在一辆巡回的 X 光车上担任医师的秘书;当时,这是防治肺病的良策。我当时心想:倘若她也像她母亲那样可人,我就要追她。结果,她真的是,我开始跟她交往。

她的父亲是个公务员,为人谦逊,但有强烈的社会主义信念,深受凯尔·哈迪(译注:Keir Hardie,1856～1915,苏格兰劳工党领袖)的启迪。他有一头很醒目的白发,这是一次大战时从事医务役的结果。他曾经上过不列颠号(Britannic),就是铁达尼号(Titanic)的姐妹船,该船在一次前往加里波利(Gallipoli)接运许多伤兵的途中,不幸被敌军击沉。多年后,我们曾在加州的马里布(Malibu),邂逅一名在基督教"裴柏汀大学"(Pepperdine University)任教的法学教授。他给我们看一幅图,是学校创办人及捐赠者的画像,他因代理福特汽车的零件而致富。看起来很像我岳父的画像。

当我听说,他们的女儿艾妮周末会回家,就很想和她见上一面。后来才知道,教会其他人知道我在等这个机会,也都很期盼看到我们相遇。我在主日崇拜讲完道之后,她来问我,可否抽空回答她一个困扰许久的问题。那还用说吗?!所有的人都离开后,我们便走往附近的停车场。会是什么问题呢? 令我吃惊的,是有关浸礼的问题。她当时参加在林肯(Lincoln)的一间浸信会,这也是差派她姐姐去宣教的教会。看着信徒接受浸水礼,给她这个从小就受婴孩洗的人，造成了一些困惑。我当时真不知该如何回答她这个问题，因为我自己也有这些困扰，即使我当时已是卫理公会的传道人。身为这个宗派的传道人，我必须替婴孩施洗、点水、弄湿婴孩的头。就因这个共同的疑虑，我们在一起了，但我们很快就发现还有更多别的因素。所有见过艾妮的人、包括我的父母，都举双手赞成，鼓励我们赶快订婚。几个月后，我们真的订婚了。

我们初次见面所谈的浸礼，日后证明是一个预言。我们后来生了三个孩子，他们都只有行"奉献礼"，而没有婴儿洗。我自己后来受浸、改在浸信会牧会后，艾妮便是我第一个施予浸礼的人。还有一位初信者瑞格（Reg），他是当时不列颠海外航空（British Overseas Airways，现在的英国航空）的财务长。这对我们三人，都是很特别的大事。

再追溯一点往事。我们是在唐卡斯特，庆祝完成一年巡回服事的晚会上宣布订婚的。之后，我们便参加卫理公会前往挪威峡湾（Norwegian Fjords）的旅行团，若要说有什么浪漫的气氛，大概就是这样了。如果说我们的订婚太快了，其实我们是预料到结婚还要等好久。我当时知道，英国皇家空军的军官若要分配到已婚宿舍，必须累积够多的"点数"，等待蛮长一段时间才行。哪料到后来有个大惊喜：我居然可以直接申请，而且必须在六周内迁入。因此，我们只好仓促举办了婚礼，当然这不是为了寻常的理由。我们选了埃普沃思（Epworth）这个地点，因为与约翰·卫斯理相关（他在这个教区的牧师馆出生成长，当地发生火灾时，这屋子得以幸免，遂以"从火中抽出来的一根柴"而闻名）。我们两人都非常佩服他，成长过程也因卫理公会的教导而受惠良多。虽然我当时的资历还不够，但英国皇家空军仍特别"恩准"，给我们几天的蜜月假期，我们便去了德比郡（Derbyshire）的多芙代尔（Dovedale）。

作一名军官的妻子，对艾妮而言是个大转变，就如同我成为军官是一样的。凡是空军准将、小队长、以及其他资深军官的妻子，她都需要作礼貌性拜访，留下拜访卡等。另一方面，她要不断地作炒香豆给那些少年兵吃。但有一样好处是，我们得以迁入一幢有家具的房子，设备齐全，甚至连小茶匙都不缺。只是，几个月后，我被调往亚丁，这一切又都飞了。她也跟着我去到又热又潮的地方，住进一层我找到的公寓，可以称之为"贫民窟"的家。为了爱，可以走天涯！但随后她就怀了头一胎，并且接二连三地生，时间太近了，人家还以为是三胞胎。手足间的感情就像好朋友般，几乎在同一时间进入同样的生命里程。然后，也是接二连三地离家、就业或上大学。喔，还有我们养的苏格兰牧羊犬崔西（Trixie），也在这时走了。因此，巢又再次空了。

从某个角度来说，我已经写完艾妮的人生故事，因为她都是和我一起经历的。原因很简单，若没有她忠诚又耐心的支持，我无法完成这一切。她为了我而牺牲自己，并且付出不少代价。结婚头五年，我们就换了六个住所，这并不是每个新娘梦寐以求的。

就如大多数的夫妻一样，我和艾妮在某些方面很像，在某些方面则不同。我们有相似的品味——家具、装饰、"秋天颜色"的服饰、音乐及艺术，但我们的个性很不同。我多愁善感，她很理智；我生性浪漫，她很务实。这对我太重要了。

我们之间最大的张力，应该可以用一个词来作总结——杂乱收藏。我们两人都像松鼠，喜欢囤积某一天会用到的东西，但我比她严重十倍。或许部分因素在于我是在家工作者。我的纸张（全部都是以专利系统的方式堆积着！）会从书房堆到别的房间。我始终没办法持续地处理好我的信件。我有广泛的兴趣和爱好——摄影、绘画、变魔术、模型汽车与火车等等。我又从妈妈遗传了对精巧小玩意的喜好。至于书籍，更是塞满了两个房间以及院子加盖的空间。艾妮的母亲习惯把屋子收拾得干干净净，这可从她父亲的活动范围只限于一方书桌与车库为证。嫁给一个不爱整洁、不会规划的丈夫，对我的妻子而言真是严重的考验。现在她很忧心，在我走了之后，要如何清理我留下来的东西，而不拖累自己和孩子。

她曾经几乎要比我先走一步。1975 年，她有一度都已见到自己的坟墓了。她的左眼一直都有一个不太明显的斑点。那一年，斑点开始刺痛。有位验光师在测她眼镜度数时，建议她应该去作检查。我们通过当地医师排到的检查日期，是三个月后。她若果真的等到那个时候，应该就太迟了。"正好"有一位宣教士朋友要回肯亚工作，来到我们家门口道别。他"正好"是眼科医师，因此，我便请他看一下艾妮的眼睛。他看了一眼，就走进屋子、直接打电话到东格林斯泰医院（East Grinstead Hospital）订了一张病床（就是那位著名的外科医师"艾尔奇"麦钦道〔"Archie" McIndoe〕，替那些二战时驾驶喷火战斗机而脸部灼伤的飞行员进行整形的医院）。经过检查后，眼科医师非常好心地把最坏的情况告诉我。这是恶性的黑色素瘤。很可能已经太迟了。他过去作过类似的手术，必须把病人的半边脸都切除。我承认，我宁可见到她有完好的脸庞上天堂，好过只剩半个脸在地上。他建议我们回去两天，补补元气，再来动手术。

　　回家的路上，她想知道实情。我告诉她之后，她出奇的平静，一点儿都不惊慌。我们并没有发动祷告网，但还是有很多人愿意为我们祷告。我们也没有与任何作医治事奉的人联系，虽然有认识好几位。我带她去医院，然后回家，心中一直在挣扎，礼拜天要讲什么道。圣灵引导我讲诗篇第121篇（我要向山举目……）。令我惊奇的是，我发现每一节都与眼睛相关，不论是人的眼或神的眼（"保护"在希伯来文意为"眼皮"）。再去医院时，我带了一卷录音带去，可以在病房传阅，因为那里所有的病人都有眼睛的问题。

## 两人都爱上同一人

看到艾妮坐在病床上望着我。她已动过移植手术。我们永远感激在临终时作捐赠的人，虽然不知道那人是谁。但还有更奇妙的事。有一位新西兰籍的护士，她两个月前才信主，以激动的口吻来到艾妮病床前迸出一句："魔鬼想毁掉你，我可以为你祷告吗？"艾妮安抚她，并说，希望还有"长老"们在场。这时，驻院牧师及一名口腔外科医师正好走进病房，两人都满有圣灵。四人便走去医院的教堂，作"医治事奉"。护士递给艾妮一张字条，她写着："你要向山举目。"

长话短说。经过第二次手术，接受另一次的移植后，我便开车带她回家，连绷带都不用罩上。我们去加拿大的洛基山脉旅游，好让她可以"向山举目"。回国后，第一次复诊，协助作手术的外科医生是个犹太人，即使用放大镜也找不到丝毫动过手术的痕迹，最后竟问艾妮，到底是哪只眼作过手术的！最后，他把双手并拢，望向天花板说："我加入你们的阵营。"我们早已知道，神的手与他们同在，只是现在他自己也察觉到，那就更棒了。主治医师在动手术时拍了一个短片，还记录了艾妮迅速痊愈的过程；在一次医学会议中，放映给其他同事看。

这三十年来都没有复发，因此我们可以很有把握地说，她的眼癌已经痊愈。她还陪在我身边，若将来离世，也不会是这个原因。

这次眼疾之后几年，她曾同我一起去新西兰，在那里发生了一点趣事。其中一件，我就拿来作本章的标题。

有一次，人家介绍她是："艾妮·鲍森，原名艾妮·布莱顿（译注：Enid Blyton，英国20世纪40年代著名的儿童文学家）"。我们一直不知道，他们是在开玩笑，还是主办单位故意设计要告知大众她洗礼时的名字（通常人家叫她Edna）。只是，这个国家业余的电报业效率太高，不到一两天，新西兰的报社就不断打电话来，要求采访这位著名的儿童文学女作家。我很懊恼，任何人应该都会想我为何会娶她了！

有一次，我在一个大型的、没有供应暖气的大厅讲道。艾妮的呼吸道敏感，很怕吹到冷风而鼻塞。因此，我在讲道时，她一定用一条围巾把头裹起来，因为要坐在那里一个多钟头。于是谣言四起，说我教导作妻子的，当丈夫作公开讲道时要蒙头！

也是在这个地方，我听见一个作妻子的说过一句话。她说，她与老公幸福婚姻的秘诀就在于：两人都爱上同一人——他。我把这话讲给艾妮听时，她立刻本能地回答："那就是我们嘛！"从此以后，我每次都引用这话，因为这真是我们婚姻的写照。我的听众都会知道"他"是指耶稣。我也很喜欢以此启发他们，即使他们的笑声太大，好像是冲着我来。这正是本章标题的由来。

有些人不免诧异，为什么艾妮不太喜欢露脸，和我一起出门服事。主要的原因有二个。第一，她天性害羞，不爱引人注目。她勉为其难才允许我写这一章，甚至这本自传。第二，她自认，神给她的呼召是作个好妻子、好母亲，作我的助手而不是同工。她的确很称职。但其实她也有她的服事，尤其在辅导方面，她非常杰出。每一回辅导结束，她都会向对方提出一些实际可行又有助益的建议，在下次见面前，他们必须完成指定的功课。

有些人会以为，写《男人当家》这样一本书的作者，一定是娶到一个温柔顺服的女子为妻，其实是大错特错。我太太有时非常固执，一定要按她的意见不可。但我还是能按我的意思写作，因为她真心与我有相同的信念。她偶尔也会作公开演讲，总能以清晰明确的思路，令听众耳目一新（不是借用我的东西喔）。

将来神要在天堂颁奖时，如果把那些已经在人前得到奖赏的放一边，而聚焦于那些在暗中服事祂的人，那么，她一定排在我前面。

写这些，对她就够了。她还觉得太多！

我说过，我们有三个孩子，一个已经回到天家，还有两个在世上。我会多写一些那已经离我而去的大女儿、多过另外两位，因为要尊重这两位的隐私。我们并未失去大女儿，只是很伤心又无能为力，暂时与她失联。她再也无法和我们同住，但我们期待与她再相聚的日子。

黛博拉在我们的心中有特别的位置，因为她是我们头一个孩子。她生于中东。艾妮是早上开始阵痛，我却正要出发飞往阿拉伯海岸的几个点讲道。因此，赶紧把她送入军医院，要几天后才能见面。孰料，一个粗心的卡车司机在倒车时，不小心撞到飞机的螺旋桨，于是我就能留下来了。"总是有好事临到大卫！"

"黛比"（Debbie）小婴儿时，因为气候的关系，身上除了尿片什么都不用穿，替我们省下一笔婴儿治装费。但我们飞回英国时，周遭是冷冽的浓雾。我们永远不会忘记她裹在毛毯中缩成一团、滴溜着双眼的苦瓜脸。

她长大后，一直是个乖巧的女孩，选择教书为终身职业，也承继了她母亲擅长与小孩周旋的能耐。每个认识她的人都非常喜欢她。

她也是我们的孩子当中，第一个清楚信仰、要求受洗的人。因此，当她进入温彻斯特（Winchester）亚尔福德国王学院（King Alfred College）接受师资培训时，很快就在学校团契中担任主要同工。后来，每到一个福音派教会也都是如此，大多数是圣公会。

她也是在其中一个教会，认识一位担任青年团契主席的弟兄。两人结婚，后来定居在亚特利（Yately），这里正是被《每日电讯报》（*Daily Telegraph*）誉为"英国最佳教区"的地段。他们很快就怀了第一个孩子。她的丈夫在城内一家顶尖的银行任职，薪水优渥，也加入了伦敦通勤族的行列。一切看起来令人羡慕：可爱的家，很好的工作；美好的教会；家庭成员就要来报到。可是，伦敦这城市就是有它吊诡的吸引力和试探；他渐渐开始留在那儿过夜，这应该就是个警讯。当女儿丽蓓加（Rebecca）出生后三个月，他就留下一封告别信，离开家，永远不再回来。他说，没有第三者，但最后办好离婚手续的理由，便是这个。

随后的七年，黛博拉过着单亲妈妈的日子，但她对生活仍是充满热情。身为基督徒，她的服事不仅没有减少，还更增加。我们一直到她死后才发现，她付出那么多，有部分是从她巨细无遗的账簿中得知的（比方说，她支持海地的一家孤儿院，以及新几内亚的一位宣教士）。她从不自怜、自怨自艾，因为她太忙于照顾别人了（这一点很像她祖母，一直在老家为退休族而付出，直到 98 岁、摔裂了骨盆才停止）。

接着，打击来临。她有一阵子一直觉得不舒服，好几个月了，但医师只给她开一点提神剂，让她可以振作起来。其实，她是患了一种很危险的血癌。我那时和艾妮正在温德米尔一间饭店的大厅讲道。黛博拉打电话给我们，说她已经看过第二个医生。现在，她必须在两小时内找到人，可以托顾女儿几天，然后她就要住进医院。我们立刻知道情况一定很严重了。我觉得我很需要独处、向神祷告，便去湖边散步。记得当时我大声向主说："主啊，你从一开头就知道结局；这是致命的病吗？"我内心深处已经有数，这病是医不好了。我不断地与那种痛楚摔跤，直到勉强可以接受了才向主祷告，求主尽量缩短她受苦的日子。耶稣说，祂的父可以这么做的（你若不信，去看马太福音第 24 章）。这个祷告蒙主垂听了。医生的诊断是只能拖几个月，但她不到一个月就离开我们了。

祷告之后,知道她是在那位美好之神的手中,我便继续讲完道,然后才赶回家。孙女丽蓓加托好友一家人照顾,黛博拉住在单人病房,已经开始接受治疗。"慰问卡"贴在墙上,护士们都很喜欢她。她从不吐露半句自怜的怨言。她的教会设了一个全国的祷告网,为她守望,长老们前来为她作抹油祷告。她并与一位电视明星洛依·卡素(Roy Castle)通信,这时他已是我们之前牧养的查尔枫圣彼得教会的一员;他不久也因癌症离世。

来自她教会的关切,也曾引起一件麻烦。她转入加护病房后不久,正好有一位姐妹要来探望她,结果发现原来的病房、病床都空了,便问护士她在哪儿,却得到一个模棱两可的答复:"喔,她九点钟就走了"(意思是送到另一病房)。探访者回到家,打电话给连锁祷告网,宣布了这个"消息"说,黛博拉已经死了。翌晨,教区牧师打电话来慰问我们,才大吃一惊地知道消息错误。但更令我们惊吓的是,怕已有人告诉丽蓓加这个错误的消息,于是连忙飞奔到她的学校(我记得当时还越过一个正在测速的交通警察,我立刻向主祷告,幸好没事)。但是我们到的晚了。女校长已经把她带出教室,有一位老师正在陪着她。当我们领回外孙女时,她告诉我们,操场上的小朋友已经开始嘲笑她:"你妈妈死了。"但她总是回答:"你看我的眼睛,她若真的死了,我一定会哭的。"我们便直接往医院去探病。

目睹最亲爱的至亲,如何与绝症打一场必败的仗,这只有亲身体验过才能了解那种痛楚。每次去探病回来，我总得找个地方安静，独自流泪。艾妮像个巨塔般坚强。眼见我们的"黛比"横躺在那儿，身上有数不清的管线，连在一个个机器和荧幕上，相较平日充满活力的她，完全变了个样。我们真难以相信，这是我们的女儿。她已感染败血症，全身都有中毒的现象。医师作了两次的电击来挽救，但最后决定，若心跳再次趋缓就不再进行电击了，因为实在已尽了全力。我们便请医师把所有的维生系统都拔除。她十分安详地躺了几个钟头，便静静地离世，回到她所爱、所事奉的主那里去。

要如何向她七岁大的女儿开口，这是我一生做过最难的事。我把丽蓓加带到一个房间，只有我们两个人。她坐在我的膝上，听我告诉她，耶稣认为，祂可以在天上照顾她的妈妈，比医院那些尽心的医护人员照顾得更好。我们便相拥而泣。

我们在一个有阳光的早晨，将黛博拉埋葬在一座周遭长满了石南木的墓园，当天下午举行追思礼拜，没有棺材，也不用覆棺者。教会坐满了人。我的儿子念了一首他特别挑选的诗，艾妮念了几篇黛博拉写的短文，我则讲道，选的经文是"凡事谢恩"(In everything give thanks)。我告诉会众，幸好经文是说"在"(in) 各样的事情中谢恩，而不是说"为"(for) 各样的事谢恩；并举出我们心中许多可感恩的事，当然不会漏掉这一件：她是在基督里离世的。对作父母的基督徒而言，倘若儿女死时没有来生的把握，那是何等可怕的事啊，而永生只可能从祂而来。我也与会众分享，我曾告诉主说，我以我的女儿为傲。我也放胆问主：你对她有什么评语。我得到的回复，十分令人惊讶。主的话语清楚地进入我心："她是我的一个得胜者（She's one of my successes）。我们把这些字刻在她的墓碑上："主的得胜者。"即使是她的死亡，也持续发挥着影响力。在追思礼拜以及后来的录音带，都有人因而悔改信主。

不料，后续还有伤心的事。她的前夫在追思礼拜中躲在回廊听，但后来就先走了，因为他觉得"礼拜大概会拖很久"。当晚，他打了电话来，说他隔天就要把女儿接走。她其实很少见到父亲，尤其是他工作调到海外之后。一想到小外孙女才刚刚失去母亲，现在又要和所有的至亲好友切断联系，我们简直心如刀割。黛博拉在遗言中提到一对可爱的基督徒夫妻，他们有两个女儿，因此如有任何不测，希望由他们作孩子的监护人。他们即将在下个礼拜，带丽蓓加去参加一个基督教的营会。

葬礼的隔天，我们便带着外孙女去伯恩茅斯，希望大海及沙滩可以带来好的疗愈。回程时，她非常安静，满腹心事的样子，最后终于启口："昨天下午，我们不需要哭，只要昨天上午哭。"我们问她为什么。她说："因为上午是妈咪旧生命的结束（葬礼），下午是她新生命的开始（追思礼拜是一场庆贺）。"她去参加营会时，我们便去法院申请，获得一张限制令，三个月内禁止将她带离我们。后来，她留在"监护人"家庭有一年之久。她父亲来提出要求，因而获得监护权，她便去与他的第二任妻子（是个很好的继母）及他们生的男孩同住。可悲的是，他这回又抛妻弃子，跑去新加坡，搭上一个德国女子，我的外孙女也被带着一起去。

丽蓓加现在是个19岁的乖巧女孩，会自己开车了。看来似乎不太可能，但她明显深受记忆中亡母的影响。不是有位天主教神父说过吗："给我一个初生的小婴孩，只要带到七岁，之后你对他做什么，都无所谓了"？

黛博拉死时才36岁（与我的小妹同样年龄去世）。这只是平均寿命的一半，但她对神国的贡献，却比活了全程的人还多。对我而言，我的信心不得不学习跨越另外一程；既有妻子得医治的神迹，也有爱女不治离世的奥秘。两者对我都有至深的影响，这是别人都看见的。

我们的儿子，理察·卫斯理（Richard Wesley，他出生的日子，与约翰卫斯理1738年重生的时间，是同一个星期、同一天、完全相同的时刻。他在所选择的科技业中有很好的发展，即将从都柏林的三一学院取得博士学位。目前他在爱尔兰的政府中，协助社会福利资料数字化的工作。

他与一位马来西亚籍的印度裔女孩"安"（Ann）结婚，他们是在教会中认识的。她聪慧迷人又具艺术气质，更重要的，她是一个认真的基督徒。他们给我们生了一对可爱的孙儿，葛伊（Guy）及艾汝娜（Aruna），真是个幸福美满的家庭。

只是，我们当时并未出席他们的婚礼，这对我们或对他们都是很痛苦的事。他们很有风度地说，我可以在这本自传中分享原因，原因有两个。

第一个原因是，她曾经有过一段婚姻，但因关系恶化而分居，正在办理离婚手续。而我对圣经的理解是：女方在这种情况下，只有两种选择。"她若是如此〔与丈夫分开〕，若是离开了，不可再嫁。或是仍同丈夫和好。"（保罗在哥林多前书 7 章 11 节如此引用耶稣的吩咐）但是，他们教会的牧师及整个教派的牧者所采取的立场，则是要恢复那些失婚的人（从我儿子的角度的确如此），因此，女方可以再婚。我之前的讲道就已提出过，反对教会中对此议题采取这种倾颓的趋势，因此我觉得，若为自己儿子的婚姻而破例，我的权柄可能受到危害。这是我的信念受到最严峻考验的时刻。

第二个原因更复杂，即使"安"本来就单身，完全没有再婚的问题，我也不能去参加他们的婚礼。长话短说就是，我担心她是与不信的"同负一轭"。理察及长领洗时，对信仰的心一直都很真诚，但我已察觉他因严重的怀疑而辛苦挣扎着。一开始是他所往来的福音派与灵恩派人士，一些信徒本身生命的表里不一，致使理察产生幻灭。尤其与一些怀疑论的著作和人士接触之后，这些幻灭渐渐变成理性上对信仰的怀疑。他会很坦白地说，他不再相信耶稣是神的儿子，或圣经是神的道等等。他不再称自己是"基督徒"，而称自己是"敬畏神"的人；

这是新约圣经称呼那些去犹太会堂敬拜神的人，所使用的词汇。

过去这些年间，我持续的立场是，不主持信徒与非信徒的婚礼，因为这不合乎圣经。但我愿意替两位非信徒证婚，因为神设立婚姻，不限于基督徒。

艾妮忠实地站在我这边，因此，儿子婚礼当天，我们开车出门去一个安静的地方，互相分享我们内心的忧伤。最糟的一点是，别人可能以为我们是因为种族偏见而反对这门婚事。其实，这是违反使徒教导的，"祂从一本造出万族"（有些版本甚至译作"从一个血脉"）。我们也只能冒险承受这严重的误解。

一旦"生米煮成熟饭"，既已成婚，而我们也守住立场后，就开始觉得应该接受现况，使亲属关系尽可能正常化，更何况还有孙辈呢。理察的工作调派至美国时，我和他一起为美国的房子盖了一个很大的阳台；他被调回英国时，我们也一起计划，使他们在距我们家四十多分钟车程的亨利镇（Henley）定居。本书也是由他协助编辑的。

他们全家去一间很可爱的教会。"安"是启发课程（Alpha courses）的主要同工，但理察选择不投入。不过，他会为此奉献金钱，他也很关心牧师对利比里亚的慈善事工。

"安"在各方面都是个好媳妇，理察也是个好丈夫，为父之道更是比我高明许多。因此，我们实在有太多可感恩的，虽然内心的伤口可能要很长的时间才能痊愈。

我们的小女儿叫安琪拉·路得（Angela Ruth，中间名字与我的小妹相同），她原本是个害羞的女孩，但长大后在人际关系上明显很有恩赐（这一点，像她的母亲多些）。她先是在壳牌石油公司（Shell）的伦敦总部担任秘书，不久便转进全是男士的探勘部门，虽然不免受到调侃，结果证明足以胜任。这份工作常常要跑去北海的油井区，她也要接受训练，如何从将沉的直升机上逃生。后来她升迁到更高的位置，自觉需要读个学位，便申请到伦敦的伯贝克学院（Birkbeck College）在职进修地质学。

结果，不仅获得学位，还嫁给了她的老师，尼尔·哈布雷（Neil Harbury）博士。他的出身背景很有意思，个性也很平易近人。他的父亲是曼彻斯特的拉比领袖，母亲是捷克人。他从小就读由约翰·卫斯理创办的一所卫理公会寄宿学校，靠近布里斯托的金斯伍德（Kingswood，他在那儿结识的一位好友，现在就是英国广播公司"赞美诗"〔Songs of Praise〕电视节目的负责人）。不过他本身既非犹太教徒，也没有基督教信仰。

因为"安琪"（Angie）尚未接受基督教信仰也未受洗，所以我请他们不要在教堂结婚。不过，他们办好正式的结婚登记之后，我曾应他们的要求，主持了一个简单的仪式；这是举行婚宴之前，在饭店里进行的。仪式中，我提醒他们，神见证了这样的结合，以及他们互许的盟约（他们各自写了誓言，至今也忠诚地持守着）。

他们的婚姻生活美满，有两个可爱的孩子，艾薇（译

注：Evie，全名是 Evangeline！"福音"之意）及但以理（Daniel）。女儿女婿各有自己的一片天，替大大小小的石油公司训练地质学者，员工来自大西洋两岸。他们也关心捷克共和国，在塔博尔（Tabor）一个中古世纪的广场开了一间旅馆（塔博尔因宗教改革家扬·胡斯〔Jan Huss〕而出名，他比马丁路德更早投入改革运动，后来被绑在柱子上烧死；他的纪念馆就在我女儿女婿的旅馆附近）。

虽然安琪尚未信主，但她对父亲及父亲的工作极为尊重，让我很感动。她送给我的一张生日卡，特别选的贺词里有这样几行字：

他是智慧与正直的化身
　　将历史的传承
　　化作适宜今人的训诲。
他是勇气的化身
　　为信仰昂首挺立。
他是力量的化身
　　但仍深知，惟有温柔与关心
　　才是他能给予的最强启发。
他让孩子们以他为傲
　　深受荫庇
　　给予他们盼望，梦想未来。

这些颂扬之辞，会让你更认识她、多过认识我。

三个孩子还小时，每当我在讲道中提到他们，他们总是很引以为傲。家庭生活可以提供不少的例子。但突然有一天，他们开始觉得不自在了，尤其是在同侪之间，这正是"传道人子女"（Preacher's Kids）症候群，他们对我下最后通牒："不准再向教会提到我们，否则，我们也要开始向教会爆你的料。"你们可以从我的录音带追出这个相关日期！本书有关他们的这一段，都是经过他们同意才写的。

读者现在应该已经了解到，艾妮和我尝尽现代基督徒父母的酸甜苦辣。至少，让我们学到如何同理别人。对我而言，我巴不得自己能像作为传道人那般地，也作个尽责的丈夫和父亲。葛培理最近曾表达过类似的感触；即便如此，也不会让我少些自责，而是有着更深的歉疚与悔恨。因为我服事别人，而让这个家付出了代价。求主赦免我，也求主补偿他们。

# 19
# "常在身内"

"很高兴见到您本人"（It's nice to meet you in the flesh.）。这是许多听了我的录音带，看过我的录像带和读过我的书的人，与我面对面时最常用的问候语。而我的回答，也一定是"我是常在身内的啊"（I'm usually in the flesh）。这个令人不安的回答，不是我发明的（我无意间听到一个传道人用过），但往往可以打开有趣的话题；比如像是"或在身外"这类的经历，虽然我不能说我有过这样的经历。

类似的例子是，当有人告诉我，他不能来现场听我讲道却安慰我说，他"会在灵里与我同在"，我总会有非常负面的反应。我总是告诉这些人，我宁愿向现场一群有血肉之躯的人讲道。面对空荡荡的椅子，我的灵感也枯竭。

有一次，一个听了我录音带好多年的人，从澳洲飞过来看我。我问她有什么感受时，她说，"我想，我还是比较喜欢听录音带。"为什么好多人都会想象，声音后面的人必定又高又帅，是个魁梧的男子汉呢，真是百思不解。他们的失望，我要负一点责任。我自信的声调，并非出自一副优异的体格。

因此，我就要在这一章谈谈我的身体。这话题似乎在一般人的自传中不常见，但是，我的身体已经跟着我有四分之三个世纪了，不论顺境或逆境、病痛或健壮，我和我的身体密切相关、彼此影响，直到死亡将我们分隔。在今生中，我都是一个有躯体的灵。

我们的肉身提供两个不可或缺的元素，使我们成为一个人。第一，提供每个人独有的身份。揽镜而照，镜中人就是一个独特的个体，使我们与地球上的其他人有别。每当你提到某个姓名，我们自然就会联想到记忆中那人的容貌。第二，使我们可以和别人交流。关系的建立，需要透过一个有具体身躯的人才行，包括视觉、听觉及触觉。一旦躯体死去，这些关系就中断了。

希腊的思维却把人分成身体和"灵魂"，贬抑前者，高抬后者。希伯来人的思维则认为，一个"活物"（living soul）乃是一个会呼吸的身体；在创世记第一章意指所有的动物，第二章则指人类。英文中代表求救的三个字母 SOS，非常合乎圣经，"拯救我们这个人"（save our souls），意为"使我们的身体存活"。新旧约圣经关切的乃是"整个人"，身体和灵魂都包含在内，并且涵括了今世与永生。

因此，我写这一章，既有个人的因素，也合乎圣经的思维。我身体的状态，与我一生的故事，密合为一。

耶稣认为，我们天性会爱自己，保罗也认为"从来没有人恨恶自己的身子"（以弗所书 5 章 29 节）。虽然一

## "常在身内"

般而言,我们都会按时进食、照顾自己的身子,但总不免会有一两处让自己很不满意,尤其是在身心有任何障碍的情况下。我的问题就是有一双扁平足。我的脚板又平又大,对我影响至深。

全能者在造我的四肢时,很可能脚弓一时缺货。我曾试尽各种矫正这微小缺陷的方法,可是都失败了。我小时候,有一整年都不准打赤脚,站立时一定要穿上特制的鞋子,却一点也不见效。结果,反而变得不擅长跑步。因为在运动方面受过羞辱,我从此很讨厌运动。我不能忘记"全校"运动会那天,因为跑输所有的人,体育老师当着所有老师、家长和学生的面,把我从比赛中淘汰。自此,我就想尽各种办法不去上体育课,特别是需要追着球跑的运动,以致后来对橄榄球、足球,甚至槌球完全不感兴趣。

我的脚板尺寸正常,只不过后来令我尴尬和大失所望而已。我还是个小男孩时,有一位女宣教士来我们家,她看了我的鞋,便告诉我爸妈说:大卫将来会长得很高。她这句话我一直记在心里,却从来不曾实现过。可能一方面是我下意识地排斥运动,还有就是战时实行食物配给,正值我十多岁开始发育的时期。我这一生都要很努力地克制自己,不去羡慕别人更"威武"的外表,尤其是注意到绝大多数各阶层的领袖,身高都比常人高。想到原本我可以比现在更高的,这只会让我更不好受。但主很清楚告诉我们,不要为身体忧虑,因为忧虑不会让人多长高一英寸。关于耶稣的外形,我们从传说中惟一知道的是,祂大概有五英尺九英寸高。这给我一点安慰。我的身高是五英尺八英寸半(这半英寸很重要,不过,现在老化,这半英寸已经不见了!)。

而且关于我的脚丫子,我的观点已经彻底改变了。在主眼中,脚把好消息带给世人,而且是很美丽的;我的脚丫,已经将主的道带往世界各地。因此,主啊,我要为着这双美丽的、又大又扁平的脚丫感谢你!它已忠心地服事了你和我。其实,当我在讲台上站太久时,脚已经开始提出抗议了,因此我会考虑效法犹太拉比,坐着讲道。

身体其他部分呢,都和我处得不错。其实,我也没什么选择。若不作整型手术,我们无从改变自己的容貌。男士们的胡须,是能稍微修饰一下脸型。我也像许多男孩一样,很早就开始留胡子,想让自己看起来更成熟、脱离小男生的稚气。我们一直相处得不错。数十年后,有一回,我去参加一个运河船艇的节庆,按着当地海军的习俗,不刮掉络腮胡;可是我发现,这样太像那个"多毛的"以扫了,只好妥协,修成"山羊胡"的样子。事后才从家族的照片中知道,我和我的几位先祖长得很像。

我也有几次住院的经历可分享。最早的一次,记忆中是被监禁在纽卡斯尔城郊的"隔离病院",不准访客探病的。直到今天我都不知道,当时到底患的是多严重的疾病。

有一年的圣诞节,我被救护车火速送往医院,因为疑似感染了脑膜炎。那一年,我的圣诞"礼物"便是在腰椎上扎一根针。我在七岁那年就失去了盲肠，但我从未因此抱憾。高中毕业后在农场工作，大大改善了我的健康，也使我的皮肤一直都很红润，拥有好气色。即使后来还有几次生病，"好气色"依旧不改，这不免会降低别人对我的同情。所以，我还是要分享我曾遭遇的一些试炼；就告诉大家两次重病住院的纪录吧。

我在阿拉伯担任空军军牧时，因为没有好好喝足每天该喝的十三品脱液体（不是酒类，使得这规定苦大于乐）。结果，造成痛不欲生的肾结石。我被当成"伤兵"送回英国，心里暗自窃喜，因为好像是光荣的英雄！他们把我送进靠近林肯郡的一家医院，住在军官病房。一位非常迷人的护士负责照顾，让很多病人心碎的是，她已名花有主、就快出嫁了。她每个晚上都会来替大家盖被子。我动完手术当天（好像被切成两半似的），伤口痛得要命，只好向她求救，她给了我两颗黄色的小药丸吞服。第二天，我被两名护士拍着脸颊才醒过来——已经是中午时分！因此，那晚，我只要了一颗药丸。这一回，我半夜就醒来，朦胧中，仿佛看到一个漂亮的棕发女孩，俯视着我的床、对我微笑，但又竖起一根手指靠近她的双唇，意思要我别出声。我悄悄地问她，"我们见过面吗？"她摇摇头说，"我是穆莉儿"（Muriel）。这时她的脸上闪过一抹惊恐，立刻就失去踪影了。我又继续睡去。早上醒来时，隐隐约约记得这场邂逅，却又没把握到底是真是梦。我笨得可以，跟隔壁床的军官说了,他的结论是:"这么看来,牧师也会有春梦哟!"——立刻就传了出去。那天晚上,每一床的军官都跟护士要一颗黄色小药丸安眠,微笑着入梦,期待"穆莉儿"来访。

几个月之后,我在林肯郡的一间浸信会讲道,一如往常的惯例,会后我站在教堂门口,和每一位会友握手话别。令我吃惊的是,眼前竟出现一位棕发少女,我不禁喊了出来:"你是穆莉儿!那天晚上就是你来医院看我吗?"她解释道,她是另一栋病房的护士,有人将我住的病房告诉她。她因为不许探望军官,所以只能拿手电筒偷偷地溜进来。可是她才刚刚自我介绍之后,就听见护士回来,只好赶快闪人。原来,一切都是真的。几年后,我遇见一位男士,他后来也住过那家医院,当我对这医院医护人员的医术与服务赞不绝口时,他有点不以为然地跟我说,有一位军牧,索讨药丸吃,好让半夜可以有艳遇。于是,在我的生涯中,我成了一则传奇!

第二次是,另一颗肾又结石了。这两个疤,差不多就位在我身子的正中央,使我看起来好像一个魔术师变坏了戏法似的。这一次,我正在特伦河畔的伯顿讲道,突然一阵剧痛。他们立刻送我去医院。外科医师告诉我,因为情况太紧迫了,他愿意半夜为我开刀。我被送入一间单人房进行术前"预备"。这比手术还让我讨厌(因手术在麻醉中,什么都不知道)。简言之,就是要剃毛,尤其是要剃阴毛。我躺着,很怕待会儿就要丢脸

## "常在身内"

了。病房门打开，进来一个十几岁西印度裔的女孩，一手拿着一副电动刮胡刀，另一手捧着一罐痱子粉。为了确定，我问她是不是要来剃毛了。她一说是，我就把双眼阖起来，因为太尴尬了；脱下内裤，让她开始剃毛。不料她竟然爆出笑声，而且喊着"耶稣！他好像在跳脱衣舞哩！"我猜我那时一定羞到恨不得钻洞死去，可是更差劲的还在后头。她一面工作，一面还开心地问我，"那你是从事哪一行的？"我很想撒个白谎，告诉她我是"教师"（把"圣经"两个字省略），结果还是从牙缝中迸出"传道人"几个字。她一听，好像触电般歇斯底里，立刻逃出房门。我听见她沿着走廊狂奔而去，我只好接下她做了一半的工作，试试自己能不能完成，但徒劳无功。最后，她又悄悄回来，一脸垂头丧气的表情。她说："您是位传道人，我刚刚却说了不礼貌的话，请原谅我好吗？"于是我们便攀谈起来。她在牙买加时会固定去教会（每个主日有三堂聚会，但我始终没搞懂那是在做什么），可是来英国后就中断了。最后，我建议，我们继续进行我们各自的呼召：她一边剃毛，我则向她传道。圣经要我们"无论得时不得时，总要传主的道"，只是，这实在不是我想要的"不得时"啊。我后来告诉艾妮这件事，她最后只说："你有没有想到，她永远没办法作这个见证啊！"

能对我们生命中的某些状况一笑置之，我相信，那是一份得救的恩典。虽然，事后回顾远比当下要来得容易些。但是，我碰过一次危机，还真是让人笑不出来，无论在当时或事后回顾。我想，放在本章（聚焦于我生命中最卑微的时刻），应该再合适不过了。虽然发生的原因并不和我的身体那么相关，只有部分相关，但产生的影响却让我失眠了好一阵子。

简单来讲，就是我曾严重"崩溃"。这种情况可以用很多词汇描述，从形容词"神经质的"到名词"油尽灯枯"。那是 70 年代晚期，我在吉尔福德的最后阶段。我分享这事的用意，是希望有类似状况的朋友，也可以从中获得帮助和鼓舞。我那时认定自己的服事从此完蛋了。没想到，还可以走上比之前更宽、更远、更丰富的层面。

如今回顾，我可以看出这事发生的缘由，但在当时我完全看不出，别人也看不出。当时，吉尔福德的密尔梅德中心的事工，已经发展达到"高峰期"；有大型"庆典"，五个牧"区"，以及许许多多的"家庭细胞小组"，分布在全市。我们有一位全职同工，但我还是肩负太多的工作，主要可能是因我不擅长授权给别人，宁可自己揽在身上。可能我自以为即使不比别人好，至少也不会比别人差。骄傲在跌倒以先。

除了要建造教会，我偶尔还要到海外讲道，此举当然能拓展我和会友的视野，但其中有一次的行程，终于成了"最后一根稻草"。我人在非洲内陆，要从肯亚搭飞机到刚果北部，有一位我们教会支持的医疗宣教士在那里工作。他身子轻盈、又爱运动，带着我长途跋涉非洲的丛林。几天过后,我又飞往金夏沙(Kinshasa),然后开车去刚果南部,我的小姨子和她丈夫在安哥拉的难民营工作。到了那里我才发现,我的鼠蹊部开始化脓溃烂,真是吓死我了。我深怕感染了什么,甚至担心是与性病有关的疾病。一面讲道、教导,心中充斥着这样的担忧,那真是一场梦魇。最后,我找到一个可以咨询的医生,他告诉我,这些"疱疹"只是因为穿紧身内裤、又长途跋涉的结果,这让我大松一口气。我回国时,神经已紧绷过度,不料,却又碰到一位同工出事。他与青年团契的一个姐妹过从甚密(虽未逾矩),东窗事发(他最后离弃了身障的妻子,与那个姐妹结婚)。我回到英国的第一个主日,有一位"说预言"但被我质疑的人,"要挟"我,要让我的未来"乌云"罩顶。

这一切接二连三袭来,我终于承受不住,再也没办法面对任何事工。长老们十分宽容体谅,让我在妻子陪同下去马德拉(译注:Madeira,西非海岸外的葡萄牙群岛)休假两周,但后来又追加了一段时间才完全恢复。我终于体会到沮丧、绝望的滋味,那时只想,我这辈子的工作都要毁了,我才四十多岁呐。我甚至去找了一位基督徒心理医师,数年前,我曾协助过他的婚姻。他向我保证,我的心理没病,又告诉我,他确信,我从中学到的功课一定会对未来的服事更有助益。我知道他不是在给"病人"泛泛的安慰之词。这是头一道曙光。然后,教会的一个会友也送我一段经文,她觉得是神要对我讲的——使徒行传16章28节："不要伤害自己！我们都在这里！"这帮助我，数个月以来第一次展出笑靥。

是一位来自婆罗州（Borneo）的华裔医师帮助我重返工作的，他本身也是热心传福音的基督徒。某个星期天下午，他带我去萨里郡的乡间散步，说服我当晚重新步上讲台。那天是五旬节，我传讲以西结书中奇妙的枯骨复生和争战。我对别人讲这篇道，其实也是对我自己讲。

从此，我学到，要按自己的恩赐和呼召来过日子和服事，也要让别人能做同样的事。会友开始分担许多牧养的事工，包括婚礼、甚至葬礼。主日崇拜、敬拜也由别人带领，我则专注于我教导的恩赐上，从此，反而开启了前所未有的新页，也找出更有果效的服事方式。许多人反映，他们觉察到即使我的讲道犀利依旧，也仍然很有挑战性，但我变得更敏锐、更圆熟了。

因此，我现在可以为此感谢主容许这事发生，让万事互相效力，教会也耐心等待我的复原。更要感谢我太太忠心的支持，孩子们也能撑过那一段爸妈不在身边的黑暗日子。尽管难忘，但梦魇已过。现在回想，好像是很久以前的事了，这是我的"中世纪"（译注：即黑暗时期）。

如今，晚年已在向我招手。过了圣经所说的七十大限之后，我就要进入我称之为"受伤延长赛"的阶段，亦即别人所说"超过预定的时间"。我们会愈来愈意识到自己的身体状况，会注意哪里不对劲了，而不像以往功能都正常时的掉以轻心。这种健康日益走下坡的烦恼，

## "常在身内"

是不是神用来帮助我们，卸下对自己这个身体的眷恋，预备心向其告别呢？它们曾是好仆人，如今却成了恶主子，不断地告诉我们，有哪些事你就是无法再随心所欲了，你得愈来愈依靠别人了；不时地，又有哪处开始发疼、剧痛，在应验着圣经所形容的："这卑贱的身体。"（译注：腓立比书3章21节）我最近就对家庭医师说："我开始遭受年迈之苦了。"他只冷冷地回说："还有一堆等着你受呢"！

我很感恩，"齿摇发秃"的现象，我都没有（牙医师最近告诉我，当我活到150岁时，牙齿也还不会掉光光）。白内障开刀，已是"指日可待"。最近，我有排尿的困扰，这是许多上了年纪的男人都会有的问题。帮我动刀的摄护腺医师是来自伊朗的穆斯林，因此，我直到从麻醉清醒之后，才敢把我写的有关伊斯兰的书送给他！

记忆中，我第一次（至今也只有一次）中风，与伊斯兰教的兴起有关，令我永生难忘。我一直有强烈的预感（先知性的启示？），这个世界上成长最快速的第二大宗教，即将成为英国最具主导性和掌控性的宗教。因此，我费心计划要录制信息，向基督徒宣扬这个严重性；录制时，仍会邀一些听众来现场。但在此之前，我先在荷兰五旬节派的营会中向35000名信徒讲道，不幸感染了一种险恶的滤过性病毒。我应该要卧床休息的，却得立刻飞去美国堪萨斯城，在一个全国性的大会中，一天要讲六个小时的道。转了三趟飞机回到家时已是精疲力尽，但我有稍事休息、放松几天。有一天下午，午睡醒来起床时，人有点儿不稳，看着镜子，几乎认不得镜中一个回瞪着我的扭曲脸庞。

我立刻意识到自己中风了，不过，我的家庭医师起初怀疑只是贝尔氏麻痺（Bell's palsy），因为看起来只有脸部受影响。但经过许多检测、包括脑部扫描后，确定是中风，已经影响到脑部神经，而至喉咙、舌头及嘴唇，会影响我的说话功能。可是，血液项目的所有检测都在正常范围内（血压、血流、血糖及胆固醇）。有个朋友把这消息放上网站，立刻有数百人为此代祷，希望我可以恢复语言能力，并有力量录制关于伊斯兰教的重要信息。结果，我总共用了五个半小时，快讲完时是以单只脚站立的，因为另一只脚已经麻痺了。有三个坐在第一排的人后来告诉我，他们只敢正襟危坐，准备好随时冲上来扶住我。

说话时变得很费劲，尤其在与人个别交谈时。不过，现在已好多了，而且我很感恩的是，听众现在多半都听不出来我有这方面的障碍。要让我闭嘴，可得费尽功夫！

这一切都在提醒我们，身体会日趋朽坏。这样的提醒很好，让我们懂得数算自己的日子，好得着智慧的心。我的脑子开始被新的问题困扰着。我什么时候会死？会怎么死呢？我的身体或我的脑袋会先衰败吗？我发现，自己不断呼应约翰·卫斯理（蒙垂听）的祈祷："主啊，求你让我不要成为苟活而无用之物。"

## "常在身内"

死亡，是让末世论得以存在的一个关键点。传道人所讲有关未来的所有信息，现今都要在逐一经历。信念，就要变成事实。

我一直都相信，人生有三个阶段：首先，灵魂在身体中；第二，灵魂离开身体；第三，灵魂再度回到身体。耶稣在一周之内就经历这三个阶段，但我们的转换会比较漫长。新约圣经比较多强调最后一个阶段；但无可避免地，我们的问题比较集中在第二个阶段。

我很好奇，也十分期待活在第二个阶段的日子。事实上，我会暂时与地上的家人、亲朋好友失联，可是，却能再次与许多已在天上的亲友欢聚长谈，包括我的大女儿。因为我一直确信，在那个阶段，我会有完全的意识可以沟通，就好像耶稣在受死与复活之间，曾经向那些在挪亚大洪水时期死亡的人传福音一样。我从不相信，当我们的身体长眠之时，我们的灵魂也会"长眠"，以至于我们会陷入一种催眠的状态、直等到复活。我就是无法想象，像保罗那么活跃的人，他会认为：死亡，只沦为毫无意识，不知身在何方、与谁同在；果真如此，他就不会说，与基督同在好得无比了。当然，他也承认，他还不完全，但他情愿"与主同住"（哥林多后书5章8节），即使这意味着要"离开身体"。我也确信，即使到今日，他也还在等待他的新身体，到那时，他就完全不再受"肉体中的那根刺"所困扰了。

我也会如此。但愿我的新身体有一日也能"和祂自己荣耀的身体相似"（腓立比书 3 章 21 节）。我敢如此相信也如此宣讲，有朝一日，我会像 23 岁时一样年轻，那是我身心最美好的年华，可以在一个已被更新的宇宙中尽情享受。而且，不用再过生日了，这个每一年提醒你已"用掉多少岁月、剩下不多时日"的玩意儿。基督教的教义中，从来没有哪一条提到灵魂永存，但都会提到"身体复活"这个超自然的作为；那时，死后的灵魂就要穿上不朽的身体。因此，我比较认同早期基督徒采用的土葬，而不是一般传统、不论古今都采用的火葬方式。常常有人问我对火葬的看法。我不认为这会影响到死者。神可以使用尘土创造生命。说真的，祂根本不需要用旧躯壳来造新的身体，因为祂创造整个物质界的宇宙都是从无到有；祂是使无变有的神。长崎是日本最多基督徒的城市，当第二颗原子弹投下时，许多基督徒就灰飞烟灭了，但是末日来临时，他们都要复活。

可是，火葬会影响到生者，因为这么做好像责任在身，加速了亲人的遗体在转眼间解体；若是以自然的方式，会有一段过程，会不会更好。火葬会导致长期忧伤，因为传递了一种更快速让生命到达"尽头"的感觉；土葬则埋在土里，好像每个农夫和园丁所熟悉的，期盼看见类似开花结果的景象。不论如何，我居住的小村庄就有一座小小的墓园，我已经相中其中一角；每回，走去邮局时，我都会打从那里经过。

## "常在身内"

同时,我还能全心全意地呼应诗人罗勃特·白朗宁(Robert Browning)的诗句:

请与我一起终老,
那最美好的,才将要开始。

# 后记
## "真相还更糟"

以这种方式来回顾我的一生,还真是很特殊的经历,也引发我不少的思考。尤其是我经常要面对三个问题。

第一,我怎么看自己呢?这种自我省察,势必会导致我要对这四分之三个世纪的时光,好好地回顾。究竟我的所言所行,有没有存续到永恒的价值?

我当然不愿意和任何人交换我的一生;也就是说,再没有什么可让我羡慕的,我这一生已经够有意思了。不过,若能从头来过,有些地方我还是会想作一些改变,亦即我的确有一些遗憾的感觉,甚至有悔恨不已的事。

当我回想,这一生所蒙受的好处,以及从神和人来的帮助时,脑海中经常会萌生"无用的仆人"(路加福音17章10节)这个词。我生命中蒙受的祝福那么多,给出去的又有多少?差距之大,即使别人不知道,我自己也很清楚。

这不是虚伪的自谦,那其实是骄傲的另一种形态。尽管在公众面前,我外表看起来自信满满,但其实我内在很缺乏自信,经常需要被肯定。这是接近我的人都知道的。

我说出这个，相信可以让别人稍得鼓励。倘若神都可以使用一个没有安全感、甚至人格不够健全的人如我，那么，任何人都有希望了！地上的器皿，也可以承载天上的宝物。

第二，别人怎么看我呢？我一向有好名声，但就是不喜欢招摇，就如珍妮佛在她推荐序中指出的。这很可能基本上是一种自我保护的本能，不仅和社会排斥有关，也和人身安全受到威胁有关。我们都会穿上保护的盔甲，以防别人看穿我们的真相。

在这些篇幅中批露我内心（及肉体）的真相时，我其实满挣扎的，就害怕那些仰慕我的读者，从此会大失所望、幻想破灭。就如我的一位好友说的："当众人愈认识我，原先的惊叹和佩服，恐怕都会快速消失；只要他们还肯给我一块小踏板、让我有立足之地，我都会毫不迟疑地接受！"

我只能冒这个险，即便读者会说："我不知道他原来是这样的人。"看过一部分手稿的人，不只一个对我下这样的评论：他不过是个"泛泛之辈"。只不过，他们惊讶的语气不免令我不安，好像我夺走了他们原先珍惜的什么似的。说真的，连我自己也觉得，我抢夺了自己的一些东西！

以往我曾说过，绝不写自传。这话说了好多年，因为总认为那是一种自大狂傲的表现，还以为别人会想读呢。但朋友和出版社不断施压，让我改变了心意。其实，

## 后记

我的让步,也是一种自我保护。趁别的传记作者还没有写到我个人的事时,自己抢先动笔吧。至少,我还可以掌控要怎么说自己啊!

不过,归根结底,我怎么看自己、别人又怎么看我,其实相对地都不重要。真正关键的问题,也是执笔至此不断涌现在脑海中的问题是:

第三,神会怎么看我呢?祂才是能盖棺定论、评论我们每个人的那一位。祂才是我们要面对面交账的那一位。祂赐给我们的时间、才干,我们都是如何使用的?我们每个人,有一日都要独自面对祂,到那时,没有哪个亲朋好友可以支援了,仇敌也无法再控告你了。

我可以说是占了点便宜、甚至是得天独厚,因为这个审判,我已经先获得一点暗示。几年前,我成了一连串流言的众矢之的,那些流言完全是谎言。后来,我探知流言源自威尔士的某地,因而得以制止,可是已经令我痛苦异常,也造成伤害。好几个讲道邀约被取消(推托的道歉之辞仅说:"您的讲道,恕难安排")。我一头雾水,直到卡地夫(Cardiff)的三位长老,一路开车下来萨里告诉我,"外面在怎么说你,这些指控到底是不是真的?"我告诉他们,这不是我一个人说什么就算数的。圣经的教导是,若对基督徒领袖有任何指控,必须有两三个见证人的第一手资料,这样的指控才能成立;他们却提不出来。不过,我很感激他们不远千里来看我,因此,我说他们所听见的,没有一个字是真的(比如说,我已经不再读圣经、完全只听圣灵告诉我什么;又说,我相信,所有的犹太人不必相信救主、将来都会上天堂。当然还有一些其他的指控)。

他们离去之后,我转向神,就这件事对我个人造成的痛苦,对我的服事造成的伤害,痛痛地抱怨着。我很少像这一次,那么清楚地听见神向我说话。祂的回答如下:"他们所能说最恶毒的话,还没真相那么糟呢。"我破涕为笑,一方面完全没料到祂会这样回答(真是幽默到了极点),另一方面也大大松了一口气:我的仇敌,知道的还没神来得多呢。后来,我告诉太太这件事,她也有相同的反应。我太在乎人们对我的恶意批评,神却用幽默治愈了我。当下我立刻向神献上感谢:还好他们不知道我整个人生的真相啊。

在这句令我惊奇万分的话之外,主又对我说:"我知道你最糟糕的一切,但我还是爱你、使用你啊。"我立刻笑中带泪(执笔至此,还是无法扼抑)。我领悟到祂赐给我的是何等的恩典啊,这恩典活在我里面,也透过我传递出去。

我的故事说完了。神是配得称颂的。

# 附录

# 知名人士清单

我很努力地尽量不在本书的正文,频频提及那令人讨厌的知名人士清单,免得留给人以为我自抬身价的错误印象。然而,我有幸结识了许多知名的神仆,各自在我的心中留下印记,启发我去寻求神对我的呼召。谨于此,按字母次序,列出他们的大名。

'Brother' Andrew

Ian Andrews

Gordon Bailey

John Barr

Alex Buchanan

Ken Burnett

Clive Calver

Michael Cassidy

Larry Christensen

Gerald Coates

Barney Coombs

Nick Cuthbert

真相比你所写的更糟！

Morgan Derham

Don Double

Edward England

Joni Erickson-Tada

Roger Forster

Bob Gordon

Billy Graham

Lynn Green

Michael Green

Harry Greenwood

Michael Griffiths

Michael Harper

Greg Haslam

Tony Higton

Chris Hill

Clifford Hill

Jan Willem van der Hoeven

Tom Houston

Benson Idahosa

Bryn Jones

'R. T.' Kendall

Graham Kendrick

Gilbert Kirby

Lance Lambert

## 附录

Martyn Lloyd-Jones

George (Lord) MacLeod

John Noble

Ian Petit

Derek Prince

Jackie Pullinger

Mike Pusey

David Pytches

Alan Redpath

Tom Rees

Will Sangster

Francis Schaeffer

Ian Smale (Ishmael)

Donald (Lord) Soper

Mark Stibbe

John Stott

Bill Subritsky

(Cardinal) Suenens

George Thomas (Lord Tonypandy)

Colin Urquhart

George Verwer

Terry Virgo

Phil Vogel

Arthur Wallis

真相比你所写的更糟！

David Watson

Leslie Weatherhead

Andrew White

Gerald Williams

John Wright

Richard Wurmbrand

Pastor Yun ('Heavenly Man')

www.ingramcontent.com/pod-product-compliance
Lightning Source LLC
Chambersburg PA
CBHW071558080526
44588CB00010B/946